立院女戰神李貴敏之國政急診室政論集

李貴敏——著

推薦序

尹啟銘／前國發會主委、前經濟部長

本書收集了立法委員李貴敏近年來在立法院問政、為國事操勞的近百篇文章，範圍雖以財政、金融、經濟等領域及國計民生有關為主，但涉及的主題相當廣泛，一方面襯托出近幾年來蔡政府執政下國政事務的千瘡百孔，同時顯示出李委員在問政上著力之深。

李委員本身為知名執業國際大律師，並在東吳和交大兩大學兼課，數十年的專業磨練，成就她是非分明、勇於任事、做事認真、要求嚴謹、講究效率的人格特質；加上擔任兩屆不分區立法委員的歷練，讓她在立法院越來越能夠將她的專業素養發揮得淋漓盡致，成為行政官員又敬又畏的少數委員之一。

李委員的問政或文章有幾個共同的特點，特別是有憑有據、有血又肉。她善於引經據典、以數字為憑、以事實為證，而且是信手拈來，渾然天成。因此看她質詢官員，官員無處可躲，會覺得過癮；讀她文章，針針見血，會覺舒暢。

但她同時是個有溫度的人，並非事事皆咄咄逼人。官員對她所質詢的問題即使是完全狀況外，只要誠實以對，要求會後進一步瞭解、補提說明，她都會給予退路、不為已甚。反之，官員如果問東答西，刻意迴避問題，她一定追究到底，因此呈現出官員一副狼狽尷尬、觀眾喊爽的畫面。其實，這都是因為不瞭解李委員直來直往、誠實面對問題的個性。

而這個性也反映在李委員的文章上面，平鋪直述、直指問題的核心，因此簡單扼要、清楚易懂，一般讀者讀來可說不用費太多力氣。

本書包括：政策大迷航、失控的財政只見灑幣、L型社會的悲歌、經濟不能靠吹的、新產業如何成為經濟新活水、別替箝制言論開巧門等六大部門，都是當前台灣經濟社會發展重要的議題，從政府治理、政策到措施，從經濟、產業、科技、言論、人民自由到物價民生，方方面面都可看到作者在各項議題下了足夠深厚的功夫，這是身為不分區立法委員給了她的優勢，讓她所關切的議題可以有開闊的空間，在更大的領域監督執政者的施政得失，對人民福祉做更大的貢獻。

新書出來了，一般幫作者寫序的人都會對作者預祝新書大賣，我則希望有更多關心台灣發展的朋友能夠分享本書，因為書中內容，都和我們每個人息息相關，這塊土地的未來需要我們一起給予更多的關心和付出。

推薦序

杜紫軍／前行政院副院長

二〇一一年五月十三日及十七日台灣連續發生兩次大停電事件，影響超過四百萬用電戶，持續時間更長達十二小時，讓民眾及企業都開始嚴重懷疑，民進黨所聲稱二〇二五非核家園絕不缺電的保證根本是騙人的。同時網民也搜出二〇一四年本人擔任經濟部長在立法院答詢的影片，當時我就警示二〇二一年將因電力供應不足而限電，還被質詢的民進黨蔡煌瑯委員批評是在恐嚇人民，我當時即反駁說電力供需是科學，是可以計算出來的，絕對不是恐嚇。七年之後網民譽我為「先知」，其實我不是先知，我只是有最基本「良知」且敢說真話的政府官員罷了！

但是政府官員要有最基本良知這件事，在民進黨執政近八年之後的今天，已經幾乎看不到了。撇開因為要養家活口，心中雖不滿但也得不服從的事務官之外，滿朝負責決策的政務官都汲汲為政黨利益及個人私慾，無所不用其極的或強行通過惡法，或施政只圖短視近利，甚至直接貪贓枉法，完全將國家發展、政府體制及人民權益拋在腦後。讓台灣走入兵凶戰危的險境，國家安全及民眾生命財產暴險；產業發展獨厚半導體，傳產及中小企業嚴重失怙，農業生產及外銷大失序；透過特別預算巧門，假借名義大量舉債，任意揮霍債留後代子孫；薪資成長趕不上通膨，青年國際競爭力下降，儲蓄購屋已成為天方夜譚等罄竹難書的深淵。國家走到這個地步，孰令致之？最高執政者難道看不到也不用負責嗎？還是認為只要多花點錢養養網軍做做文宣，反正人民很好欺騙？

立法院李貴敏委員具有知識分子的道德良知，擁有豐富的學識及經歷，對政府政策及國際科技與產業發展都有專業的觀察與見解，更重要的是她身為人民代言的立法委員，對於現在政府的荒誕失序，有「雖千萬人吾往矣」強烈及積極批判的態度。無論是透過國會質詢、製作網路節目或出版書籍，都把政府錯誤的政策及官員的失職與醜陋攤在陽光下，希望能夠讓人民有機會看得更清楚。

在此特別希望未來有更多的民眾，能夠透過李貴敏委員這本兼具公正、前瞻及專業的問政實錄集，好好思考應該如何從八年前錯誤選擇所造成今日的苦果中得到教訓？更要好好看清楚，千萬不要再被政黨的選舉話術所蒙蔽，一定要做出正確的選擇，讓台灣成為大家能夠「安身立命」及「安居樂業」的快樂家園。

自序 步步驚心——獻給戰略迷航的台灣

雖然行政官員沉浸於數字遊戲，執政黨也不斷祭出各種手段，遮掩事實真相，透過美化的數據誤導人民或企圖麻痺民眾；但絕大多數民眾心知肚明，如今我們所面對的，是個危機四伏的台灣！

民眾體感經濟直逼寒冬不說，在民進黨執政下，兩岸衝突風險日益提高；加上民進黨政府一再橫挑強鄰，台海儼然成為全球最危險的火藥庫。問題是，政府官員依舊坐井觀天、我行我素，只知沉溺於五花八門的大內外宣和大撒幣，而毫無警覺，亦不見有任何務實的具體規畫與避戰努力。更嚴重的是刻意掩飾地緣政經威脅產業生存的高度風險，以及放任六缺問題擴大，支解國家核心產業和矽盾，加速資金、技術及人才的外流。

在最險惡的時代，卻偏偏碰上最無知、無為、無能、無感的迷航政府和官員。只能說，台灣如今宛如在冰洋中穿梭迂迴的小船，偏偏碰上嚴峻的地緣政治風暴，再加上財政紀律不彰、經濟衰退、治安敗壞、青年低薪失業、司法信賴不再、民主集權等林林種種問題，稍有撞擊或失衡就足以動搖國本；簡直就是一路走來，步步驚心！

回顧過去，我們曾挺過最飄搖動盪的國共內戰與三次台海危機，也平安度過七〇年代石油危機、九〇年代金融危機，以及二〇〇八年美國次貸危機引爆的全球金融海嘯。在務實的國家政策指引和忠誠的國家領導人帶領下，台灣一次次逢凶化吉。我們所仰賴的絕不是時運，而是在危難中選擇了正確的道路，並勇往直前！

凡此再再見證領導人的遠見與國際視野何等重要且影響深遠！而過往正是因為蔣經國、尹仲容、孫運璿、李國鼎、趙耀東等卓越領袖們的高瞻遠矚和務實規畫，才能制定出澤披世代的經濟大戰略，也才讓資源缺乏且市場淺碟的台灣，創造出驚豔全球的經濟奇蹟，更讓台灣的高科技聚落成為牽動全球經濟與科技的生命線！

反觀民進黨政府和官員們，就是不願面對現實和正視問題。其實，不論通膨、經濟成長率、出口連黑等等問題，我早在一、兩年前就開始專業示警，但官員們只知口水戰，完全浪費提前反應的黃金時間。大家從本書、國政急診室及國會頻道（請見封底折頁連結）的時序就可驗證。

就因為民進黨政府無法誠實面對台灣經濟與產業遭遇到的風險，罔顧經濟發展的客觀條件，也看不清全球政經變局，才無法從意識型態施政的魔咒中解脫，也導致台灣陷入戰略迷航的七年，更讓台灣喪失再攀高峰的契機！

此外，民進黨政府的財政紀律不彰、花錢不手軟，以及預算越編越多等弊病，已重創台灣根基。可悲的是，官員們坐視台灣受到全球供應鏈重組的衝擊和競爭對手的追趕居然無動於衷；民進黨政府對於台灣所面臨的缺水、缺電、缺工、缺地、缺投資、缺人力等諸多困境也束手無策，也難怪台灣產業競爭力與優勢會不斷流失！

發現問題，面對問題，才能解決問題！

過往，不論是超徵稅收或還稅於民，我都早在兩年前就率先提出，可惜行政官員就是置之不理，直到今（二〇二三）年初才被迫回應民意。至於詐騙案件與新興詐騙手法也一樣，我的相關質詢與評論雖然延續年餘，政府官員也始終漠視；直到近日積重難返才被動回應，但反應仍舊慢半拍，以致問題始終無法解決。

此外，舉凡國債鐘、政府舉債、特別預算及歲計賸餘等問題，即便我在這兩年多來一再大聲疾呼，但政府也一再推託狡辯、不願回應，更不願取消小金庫。

令人擔憂的是，台灣在全球在地化產業鏈的結構下，加上中美全方位對峙和衝突的壓力下，是否還能突圍走出一條生路？尤其，政府如果持續政治掛帥，而無法聽取專業剖析，也缺乏高遠遠矚的視野或前瞻且務實的規劃，又如何期待其等帶領台灣走出困局？

本書彙整我在成功擋下「科技偵查法」、「全民防衛動員準備法」（即俗稱之「全動法」）、「數位中介服務法」與數位身分證等高爭議性、涉及國人隱私或攸關言論自由的法案後，在國會問政之餘，陸續發表有關財政、經濟、預算、國家發展、新興產業等領域的分析。期待藉此喚醒民眾對臺灣經濟的關注，群策群力、共同搶救，讓台灣可以平安步出急診室，重返康莊大道，重新建立起光輝燦爛的台灣奇蹟。

但說實話，台灣想避免陷入不可挽救的困局，民進黨政府顯然是指望不上了！唯一的解方是民眾自救，大破大立，讓專業的人坐上專業的位置！寄望二〇二四年的政黨輪替，調整國家戰略與布局，才能讓台灣有個重啟的機會，徹底擺脫危機困境！

目次

政策大迷航

失控的財政　只見灑幣

L型社會的悲歌

經濟不能靠吹的

新產業如何成為經濟新活水？

別替箝制言論開巧門

政策大迷航

台灣下一個護國神山在哪裡？

台灣下一代核心產業的規畫與優勢在哪裡？民間與產業都很關切，更希望政府能擺脫目前無為的怠惰與消極態度，盡速為台灣找到下一個護國神山。就其所以，就是因為國家資源掌握在政府手中，所有產業的發展關鍵與推動仍在政府；行政單位不僅不能缺席，還要善用優勢突破困境。此從蔣經國時代之協助台灣產業，把觸角拋向世界並全力延伸，以充分發揮「根在台灣，前進全球」足以見之。

如今，就連文法商科文件及工作都已能用AI處理，AI和元宇宙等新型產業鏈已是可預期之未來。但建構供應鏈的產業生態絕對不能只靠民間，畢竟基礎建設、產業結構與上下游產業鏈的擘畫都與政府政策息息相關。如果政府不為或欠缺前瞻觀點，亦或欠缺具體落實的執行力，則僅憑民間企業絕對無法建構產業鏈，更別提在國際上發揮競爭力！

我個人因為長期服務高科技產業並經常參與國際交易與協商談判，自然熟知國際發展趨勢和產業需求，近來更常收到來自國內外各地業者和友人的分享、擔憂與問候。其中自然不乏美中貿易戰、科技戰相關議題和影響，以及後疫情之全球經濟發展與衰退趨勢。我國半導體業前兩年雖受惠於華為等中國大廠，為因應美國出口管制而在台採購晶片的急單，以及新冠肺炎疫情隔離所需之居家辦公所帶動的電子產品需求增加等等，致營收屢屢創新高；台灣半導體業者並因搭上這股順風潮，而成為全球不可或缺的半導體基地，台積電更因而被冠上「護國神山」的美名，而成為世界各國爭相攏絡並爭取的對象，但危機就隱藏在榮景之中。

尤其，在民進黨政府始終無法解決缺水、缺電、缺工、缺地、缺人才和缺投資等林林總總問題，也無法因應碳排放之國際要求，甚或無法加入 RCEP 或 CPTPP 等區域組織，導致台灣產業可能被他國課徵碳稅或需繳交較國際競爭者高之關稅，而逐步喪失國際競爭力；再加上一再拿台灣半導體產業及技術當作外交籌碼等有損國內產業發展的民進黨執政風格，國人不得不關心：台灣半導體產業將何去何從？下一個核心產業又在哪裡？是IT產業？AI？生技？新能源？還是其他？

當然，雖然大家言必稱「護國神山」，但這四個字未必是好事，稱「護國」是指當全球來圍攻的時候必須靠它來保護，這個詞非常被動。同時，發展不可能無中生有，核心產業必定是在現有優勢基礎上發展才能獲得實效，而不可能無中生有。所以，下一個核心產業一定是在既有的基礎上發展生根。期待個別企業自行發展出完整的產業鏈是不可能的，而需憑藉政府規劃並積極參與，這也是政府不可迴避的責任和義務。

尤其，台灣在面對天然資源有限的客觀條件下，產業的發展也跟新能源的發展與使用勢必息息相關。以記憶體產品為例，其設計已朝向「節能」、快速讀取以便節省耗能發展。又因晶片已植入民生用品中，未來核心產業似乎也難與半導體脫節。此外，不論半導體業、IT產業之深化延伸都涉及軟體研發、5G甚至6G、物聯網（IoT）等，甚至元宇宙、AI或數據運用也多與「軟體」有關，而可充分運用台灣IT和軟體人才的優勢。

簡言之，台灣下一個階段必須朝研發跟設計發展，但仍不至於完全捨棄代工產業，畢竟台積電在先進製程依然領先全球，而半導體在可預見的未來，仍無可取代。但重點是，行政官員必須務實了解台灣的缺點跟長處，而不是恣意發想、態度保守、原地踏步或只知吹噓。更重要的是，千萬別再政治掛帥選舉優先，也別再製造事端深化地緣政治風險，以避免台灣數十年建立起來的根基連根拔起或支解外移！

戰略迷航七年 台灣該何去何從？

二〇一二年一月六日，蔡英文總統臉書貼出了一段話：「過去四年，你過得好嗎？你找工作有沒有比以前容易？薪水能買得起的東西，有沒有變多？你是不是害怕沒有工作，覺得生活沒有保障？你的辛苦和困難，政府有沒有聽到？面對未來，你是不是更無力？」如此擲地有聲，全力和年輕世代搏感情，而把國民黨扳倒，也才有了民進黨近七年來的執政。

只是，全面掌握權力的民進黨政府，這七年下來執政無方，讓台灣深陷戰略迷航，六缺危機拖累經濟，房價卻越拉越高。難怪年輕人找不到未來，而充滿相對剝奪感；再加上青年失業率高漲，低薪問題嚴重，廿五歲以下青年近半月薪領不到三萬元，政府官員們卻依舊無感、無為？

更別提民進黨堅守反核的神主牌，絲毫無視民間與產業發展的需求，以致美國商會日前發布的「二〇二三台灣白皮書」，再度指出台灣雖力求調整能源結構，然而進度卻是「遠遠落後」，連帶影響供電穩定、產業運作，與國家安全。缺水、缺電等基本問題，可不是官員們把頭埋在沙裡裝鴕鳥，就能輕鬆化解的！

事實驗證，國會過半的民進黨，這七年來只知浮編預算、大撒幣和大內宣，卻沒有把年輕人的未來當回事認真看待。以致於如今，國發會的景氣燈號在近十一個月來已連續六顆藍燈，而主計總處等官員也被迫承認過往對於經濟成長預測過於樂觀而必須下修，但仍毫無憑據的堅持今（二〇二三年）年的經濟成長一定能成功保二，也繼續不讓民眾接觸完整或正確的資訊，反而大玩數字遊戲，意圖透過數據調整以美化經濟成長或誤導民眾的斧鑿痕跡觸目可見！

但隱匿現狀無濟於事，畢竟對出社會奮鬥的年輕世代而言，不友善的社會結構不但沒改變，貧富差距還越拉越大，工作機會也越來越稀缺，導致辛苦工作的中產階級終究不敵高房價和高物價陸續被擊潰。別說買不起房了，就連養家糊口都成問題！

想不到官員們不但不思改進，還公開宣稱台灣的家戶平均所得是全球第三，大學畢業生薪資也已超過四萬，也難怪會引爆民眾怒火。畢竟在現實生活中，六成以上的社會新鮮人拿不到綠官們指稱的待遇！如今，綠色官員們是怪民眾不夠努力嗎？還是想把低薪困境的責任推到年輕人身上？還是認為罔顧事實、掩飾太平就能達成愚民的目的？

其實，我國從一九四八年五月二十日首次舉辦行憲後總統、副總統就職典禮以來，中華民國這七十五年，並非一帆風順，我們挺過無數飄搖動盪，無論國共內戰或三次台海危機，抑或是七〇年代石油危機、九〇年代亞洲金融危機、二〇〇七至二〇〇八年全球金融海嘯，我們一次次逢凶化吉，靠的不是時運，而是國家在危難中選擇了一條相對正確的道路前行！靠的是蔣經國、尹仲容、孫運璿、李國鼎、趙耀東等先生們當年的高瞻遠矚！

特別是國府遷台以來，一系列產業經濟正確布局，諸如三七五減租、耕者有其田的土地改革，引領經濟快速成長的加工出口區策略，以及帶動升級的半導體產業轉型，才能讓一個缺乏資源且市場淺碟的台灣，創造出驚豔全球的經濟奇蹟，也讓我們的高科技聚落成為牽動全球經濟與科技的生命線。

過去，雖然我們在國際面臨重重挑戰，但民間與產業對未來是有希望的，眼中是有光芒的。這也是為什麼八〇、九〇年代台灣錢淹腳目，國際資本爭相捧著錢來台尋求投資機會。因為在台灣經濟黃金年代，我們知道發展實業，不用擔心缺水缺電，我們放心往前衝，因為政府不會亂撒錢扯後腿；我們敢與國際爭鋒，因為大家信任政府會扮演好後盾角色，也會幫助廠商走進國際打天下。

然而，最近七年來的中華民國，似乎一頭撞進戰略迷航之旅，執政者將國家機器當作鞏固政權、遂行意識型態的工具，罔顧經濟發展現實條件，以至於看不清全球政經變局，更無法誠實面對台灣經濟與產業將遭遇的種種風險危機，遑論制定出得以澤披未來世世代代的經濟大戰略。

令人擔憂的是，財政與經濟亂象如同業力引爆一般，讓國家陷入無止盡的迷航。今（二〇二三）年中央政府歲出總預算更高達二・七兆新台幣，未來每年歲出三兆新台幣恐成常態。然而，國際經濟風向正在改變，我們的歲入恐怕無法支撐如此高昂的歲出？

若加上國家債務問題，情況更不樂觀，中央政府債務高達六・三兆元，平均每人負擔二七・二萬元。不只如此，中央政府未來或有給付責任（隱藏性負債）金額也已高達十五・四兆元。據行政院主計總處預測，今（二〇二三）年名目GDP約二三・三兆新台幣，而前述中央政府的債務就高達二十二兆左右，佔GDP的九四％。這些還只是中央政府的債務數字，若將地方政府債務納入，早已超過GDP

總額。

問題是，如今民眾財富日益縮水，受薪階級的經常性實質薪資已連二年衰退，加上通膨高漲，即便民眾把錢放在口袋裡不花也自動變薄。更別提今（二〇二三）年第一季經濟成長率重跌至負三・〇二％，第二季還沒探底，全年能不能保二都難說，個人所得與經濟成長放緩，物價持續飆升，「藏富於民」早已成為幻想！

民眾生活已經夠困難了，卻又碰到對詐騙束手無策的政府，以至詐騙橫行，民眾每日提心吊膽，深怕一不小心踏進詐騙集團陷阱，徒增無謂財務損失和風險。此外，我們的產業競爭力也正一點一滴的流失中，重大區域經濟整合組織不得其門而入也就罷了，執政者竟然還放任地緣政經風險威脅產業生存，導致產業被迫外移。綠色政權不但未善盡職責，也沒把半導體聚落當成國家核心利益來保護。國之重器被如此濫用，真是何等不幸！

台灣經濟屬於缺乏資源的淺碟式經濟體，重度仰賴國際貿易，雖說船小好調頭，方便戰略調整與布局，但缺點是容錯率很低，體質敏感，往往國際經貿打個噴嚏台灣經濟就感冒。如果執政者無法或不想認清事實真相，念茲在茲都是一己之私，則國家財政、經濟體質，終將讓台灣陷入不可挽救的困局，乃至危及國家生存。

正所謂「猶七年之病，求三年之艾也。」要解決七年迷航所帶來的深層問題，恐怕需要更慎重與妥善的規劃與對策。令人遺憾的是，執政黨始終未將這些警訊放在心裡。在對民進黨徹底失望的今日，民眾也只能寄望二〇二四年的政黨輪替，好讓中華民國走出迷航，也讓經濟戰略重返正軌，好讓台灣能有擺脫危機困境的機會！

你過得比七年前好嗎？

民進黨主席賴清德日前面對學生提問高房價時，竟說「房價現在在降」；主管居住政策的內政部長林右昌更稱現在年輕人買不起房並非真的買不起，「而是沒有規劃，或是因為想買的地點、區位價格太高」；而勞動部政務次長李俊俋除了附和房價下降外，居然要買不起房的民眾到嘉義買房！

面對執政當局「何不食肉糜」式的發言，蔡總統在執政七周年記者會則務實的指出，高房價確實是難題，以及居住正義還有很長一段路。

猶記得二〇一六年民進黨提出的「房市三箭」住宅政策，不就是「改革房產稅制」、「健全租屋體系」及「建二十萬戶社宅」嗎？如今，民進黨已執政七周年，綠官員們在競選承諾即將跳票之際，為了掩飾執行失當，竟鬼話連篇。其中，李俊俋的「歡迎來嘉義買房」的邏輯和農委會主委陳吉仲說「買不到雞蛋買鴨蛋」、「冬天吃火鍋釀缺蛋」更如出一轍，荒謬至極！

事實驗證國會過半的民進黨，這七年來只知撒錢補助。卻不知租客因為擔心租金會因而上漲或房東不願續租而不敢申請。更別提所謂「二十萬戶社宅」的競選承諾，截至二〇二三年四月三十日的資料，竟還有五萬一千七百三十六戶仍在規劃中。但內政部花次長依舊不思檢討改進，還大言不慚的說，祇要在二〇二四年底決標，不管未來是否蓋的起來都算完成！

雖然IMF曾在全球經濟展望報告（WEO）顯示，二〇二二年後隨著高通膨與央行快速升息，全球房價成長已開始放緩，但根據591新建案統計去（二〇二二年）年四月房價變化，房價在營建成本支撐下並未露出疲態，全台平均開價每坪還小漲二萬，來到四八・一萬，年增三・七％。其中，六都預售屋漲幅最高的是台南市，推案平均開價一坪三四・九萬，較去年同期增加近一五％；其次是台北市來到一二二・一萬，較去年同期增加一二・六％，第三名是高雄市，漲幅達一〇・四％。

回想二〇一六年八月二十七日，時任副總統的陳揆在出席國際青商會第六十四屆全國年會時曾表示，「年輕人的未來，是政府的責任，若不友善的結構沒改變，都不能讓年輕人處境變好」。但民進黨政府落實了競選承諾了嗎？或改變了對年輕人不友善的結構嗎？

七年過去了，房價越拉越高、年輕人低薪如一灘死水，青年失業率高漲，廿五歲以下的青年，近半月薪領不到三萬元，別說買不起房了，連養家糊口都成了問題；也難怪年輕人不婚、不生，進而導致少子化。但勞動部李俊俋次長卻說是因為近七成青年在服務業工作，如果繼續留在服務業或住宿餐飲業，薪資很難提高。勞動部的說法跟內政部的邏輯都一樣，不就是甩鍋年輕人，還指稱其薪水低是因為入錯行？

記得美國總統雷根一九八〇年競選總統時的口號是「你過得比四年前好嗎？（Are you better off today than you were four years ago?）」，二〇一二年一月六日蔡英文臉書也貼文指出：「過去四年，你過得好嗎？你找工作有沒有比以前容易？薪水能買得起的東西，有沒有變多？你是不是害怕沒有工作，覺得生活沒有保障？你的辛苦和困難，政府有沒有聽到？面對未來，你是不是更無力？」

時至今日，不可否認這些話依舊是至理名言！祇是蔡總統在五二〇就職七周年演說中提到，任期最後一年不會鬆懈，這一年做不完的事情就用「一年加四年」規劃。這是要百姓再忍受四年嗎？問題是我們能再忍受四年嗎？民進黨如果繼續執政，台灣還有活路嗎？

亮麗數字與口號掩飾不了治國無能

在中華民族歷史中，辭藻最優美的應可算是興起於國勢積弱不振的南北朝時的駢文，華而不實，因辭害意。因為越是無法成事，才越會用美麗的詞彙來掩蓋自己的無能。

試問，向來以文青自居的綠營，二〇一二年敗選後，不是還以「您可以哭泣，但不要洩氣，您可以悲傷，但是不要放棄」席捲年輕人嗎？但面對台灣種種需求和危機，為什麼始終無知、無為、無能、無感？為什麼基礎建設始終付諸闕如？為什麼始終政治掛帥、製造對立？缺電危機，以「用愛發電」解決問題了嗎？以「今日香港，明日台灣」、「芒果乾」訴求抗中保台，就能保護台灣了嗎？

更別提，近來股市加權指數反覆破底，財政部、金管會還一再強調台股基本面良好，國安基金操盤手也以巴菲特名言「別人恐懼，我貪婪」來鎮場。這還不打緊，行政院主計總處居然無視萬物齊漲、通膨面臨失控的現狀，一再以亮麗數字誤導民眾、展現政績。

理論上，政府調查全民情況所公布的數字，應該是讓大家心有戚戚焉，理解數字背後代表的真正涵義與趨勢。但當民眾為通膨所苦，主計總處除了矢口否認有通膨問題，化解之道竟是不斷釋放全台平均年所得屢創新高的利多；未滿三十歲平均年所得已高達五十一萬九千八百元等訊息，扭曲民眾對低薪衝擊的憂慮與抨擊。

也導致一時之間，民眾感到十分疑惑，去（二〇二二年）年未滿三十歲年輕人平均月薪真有四萬三千三百元嗎？今（二〇二三年）年全體國人平均月收入真高達五萬六千一百元嗎？莫非自己竟是拉低所得的歷史罪人！原來也才知道，原來民進黨執政，普羅大眾都成了破壞現狀、拉低平均的賤民？讓台灣無法在國際上揚眉吐氣？

還記得民進黨政府過去常用「有政府，會做事」當口號，也記得勞動基金有些許盈利，行政官員就立馬作哏圖，誇口「政府剛剛幫你賺了一萬元」。但令人詫異的是，當國安基金從去（二〇二二）年七月十三日入場，季報從第二季「賺」三千七百多萬到第三季「短絀」七億七千八百多萬，行政官員就突然噤聲，只輕聲細語道「投資不能看一時」？

這只證明，再怎麼吸睛、洗腦的話術，只要用久了，也會被民眾看破手腳。也難怪民進黨政府及官員們雖然表示台灣 GDP 超過日韓云云，側翼網軍也不斷吹噓，但看來民眾已不再相信！

畢竟日本一向是台灣民眾出國的首選，台灣民眾的生活水準是否超過日本，眾所皆知。綠營官員難道真的不知道，現階段台灣的 GDP 之所以超過日韓，是因為台幣貶值幅度不如日、韓嚴重？生活優渥與否和是否比得上日韓，大家應該心裡有數吧！

再想想，當「謙卑、謙卑、再謙卑」的政府在選舉獲勝剎那告訴我們：「我們不會因為選舉而分裂，而是因為民主而團結」，告訴大家要因民主而團結；但現在可能選輸時，卻告訴我們：「如果我們選得不理想，那想一想國際間會怎麼樣解讀呢」？並宣稱可決定「國際會不會持續更有力地支持台灣。」似乎不支持民進黨，就等於不支持國家繼續向前邁進？這是什麼奇怪的邏輯？

「吟罷江山氣不靈，萬千種話一燈青！」讀了綠營這麼多美麗的言辭，真有那種蒼涼孤寂、無力振奮之感！畢竟美麗的辭藻，動人的言語，雖能一時扣人心弦、掩蓋真相、感人肺腑，但真相最終會浮現。怕的是為時已晚，欲救乏力吧！

蔡政府六邪當道

每次看到民進黨政府在雲端高唱經濟情勢一片大好，政府會做事、好棒棒；就會覺得綠官們和廣大民眾活在平行宇宙。雞蛋搞不定、通膨搞不定、缺電缺水也搞不定，再加上萬物齊漲、外交七年斷九國、西海岸駭人聽聞的浮屍累累等等，屢屢出包的官員卻越混越好，官也越升越大，難怪民怨沸騰！

綠色政權的表現和用人，很容易讓人想起西漢學者劉向在《說苑》所述：「人臣之行，有六正六邪，行六正則榮，犯六邪則辱。」簡言之，恰似具臣、諛臣、奸臣、讒臣、賊臣、亡國之臣等六邪當道、誤國！

看看現在滿朝盡是「具臣」，安官貪祿，不務公事。像金融詐騙案，問題遲不解決，也沒有部會願意負起責任，越拖越嚴重，一打開臉書，盡是冒用名人名義的股友社企圖詐騙民眾。

其次，派系治國，權謀分贓，不正是偷合苟容，與主為樂，不顧其後害的「諛臣」，以及巧言令色，妒善嫉賢，使主賞罰不當，號令不行的「奸臣」當道？

綠色政權利用國家預算豢養網軍，再加上顛倒是非，公佈不實訊息，打擊異己等，不正是「讒臣」的具體表現嗎？就拿雞蛋問題來說，蛋價高漲一年多無法處理，每逢民意反撲，官員與側翼總是有說不完的藉口。不是氣候太冷，就是天氣太熱，或稱全球禽流感蔓延，世界都缺蛋，甚至還可以講出：「只解決蛋荒，不解決蛋價」的荒謬言論。一年下來，理由和問題都說過一圈了，缺蛋問題還是沒有解決！

「賊臣」，指專權擅勢，輕國重私的官員。拿錯誤能源政策來說，政府不僅不願意面對缺電危機，對於再生能源是否成了滋養黑金溫床，許多農漁民失業和生態被破壞，叫苦連天。也因政治掛帥和選舉考量而一再拖延的後果，導致如今漲電價帶動通膨後，再祭出升息壓抑通膨；卻加重背負房貸的小資族和拉高租金的租屋族負擔的惡果。

最後是「亡國之臣」。製造對立，導致社會分裂，人民內部對立。明明刻意挑起兵凶戰危，卻又不敢光明正大承諾；置台灣人民於險境，還想把責任推給別人。這些顛倒是非，破壞台灣良善根基的官員，不正是「亡國之臣」的寫照？

正如魏徵上唐太宗疏所稱：「進之以六正，戒之以六邪，則不嚴而自厲，不勸而自勉矣。」在民主制度下，人民是「君」，政府官員才是為人民服務的「臣」。如能用心選拔人才，讓「聖、良、忠、智、貞、直」的「六正」之官為人民服務，才能為民怨找到解方。

謊言滿佈的民進黨政績影片

就在民眾苦不堪言，不得不為公平正義上街抗議之際，執政的民進黨竟在冷氣房裡自我感覺良好地，來一場奢侈浮華的全國代表大會，高呼「民主團結挺台灣」，絲毫無視在烈日當頭的凱道上恐懼居無定所，或擔憂司法迫害的善良百姓們。

在錦衣玉食中，在杯觥交錯下，民進黨志得意滿細數這七年來的豐功偉業，六分鐘的政績影片，首先強調在民進黨執政下，台灣成為國際社會的關鍵字，隨後也展示蔡英文總統在美國和美眾議院院長麥卡錫會面，以及美國前議長裴洛西的訪台，更有花了三百五十萬元請來的前英國首相特拉斯。任誰都知道，正因為裴洛西來台，使得美中台三方默認的「海峽中線」從此消失，還造成共機密集繞台，更導致國人兵役延長和加購軍備等林林總總的禍害。如今，把台灣推到兵兇戰危地步的民進黨居然還有臉自誇「顧好台灣的方向，打造更好的台灣」？

此外，該影片還大言不慚地強調「普發六千元」。民進黨執政團隊似乎得了失憶症，忘了「普發現金一萬元」是在野黨一再的要求，也是全民的迫切希望？若不是擔心憤怒的民眾揭竿起義，綠營政府會做嗎？更何況還假藉名義將金額減為六千。如今，居然還一反過往的抗拒和遲延，洋洋得意地說「普發六千元」可以提升經濟成長率〇・三％。既然如此，「普發現金一萬元，不就可以提升經濟成長率〇・五％了嗎，為什麼不做呢？又為什麼把應「還稅於民」的錢拿去貼補台電的虧損，還找藉口七折八扣？

再者，今（二〇二三）年的經濟成長率能否保二，早有疑慮。就此，央行日前表示經濟成長率為一・七二％，甚至 Barclays Capital 在六月九日認為台灣今年的經濟成長率只有〇・七％。然則，民進黨居然有臉吹噓在其執政下，經濟成長率「六・五七％」！真不知這個數字是怎麼算出來的，也不知是否已加上今年的結果呢？

此外，該影片中還大言不慚地說「政府年年有賸餘」，但隱匿綠營政府一再編列特別預算。單是「中央政府嚴重特殊傳染性肺炎防治及紓困振興特別預算」就舉債八千四百億，加上「前瞻基礎建設計畫特別預算」的八千八百億，還有「中央政府新式戰機採購特別預算」二千五百億元、「中央政府海空戰力提升計畫採購特別預算」二千三百六十九億餘元。如果把特別預算納入，就可以發現綠色政權在年年稅收超徵下，不僅沒有賸餘，還大幅舉債，致使到二〇二三年五月三十一日，平均每人負擔債務二十七萬元。債留子孫，禍延後代。

另外，民進黨更大幅介紹「境外資金回台超過三千三百億」。祇是，綠營政府是怎麼對待產業的呢？一而再、再而三地大規模停電，除了怪動物外，是怪台商回台投資導致供電不足嗎？缺水又怎麼說呢？更別提內政部次長花敬群二〇二三年七月十二日出席「學府敦南公辦都更案」簽約儀式時表示，台商二〇一九年大量資金回台，造成房價上漲。原來民進黨心中高房價不是自己打房不利而是台商回流太多的關係？一個祇知浮編預算和大撒幣的政府，居然連自己的昏庸無能都不認，還拿人民墊背揹黑鍋。明著說吸引資金回來，背地裡卻怪資金回來太多，造成缺電、房價又大漲等。原來，這就是民進黨面是心非的真相？

影片也展現「新南向國家貿易額一八〇三億美元」，這正是目前綠營政府大力宣傳的重點，東協國家輸入台灣的比重已自二〇一六年的五・五％逐步增至二〇二二年的六・七％，今（二〇二三）年一至五月輸入的比重更升至八・一％，而超過其等輸入日韓的數據。問題是今（二〇二三）年第一季台灣對新南向十八國出口金額跟去年同期比卻是衰退約三成，對東協十國出口金額跟去年同期比則是衰退一六％。究竟「新南向」的政策是惠台還是害台？綠營政府七年來共花了多少錢在「新南向」政策上，其投入的總金額和成效，不該說清楚嗎？

看看民眾在艷陽下，揮汗如雨的上街頭，卑微的訴求居住正義和司法公正；再看看綠色官員和民代躲在冷氣房內，歌舞昇平的慶賀和期待繼續執政。就可想而知西諺有云「絕對的權力，絕對的腐敗。」民眾給與民進黨絕對的權力，讓它執政、讓它掌握立院絕大多數席位，但真心換絕情！

這樣的執政黨和團體還值得人民信賴嗎？二〇二四年一月十三日的選舉，還能繼續讓它執政嗎？

曠官尸祿　竊位素餐

陳揆新上任才剛出具書面施政報告，就已經狀況百出，還損兵折將。姑且不論施政毫無規劃，官員也醜態盡出。不單單是前朝留任的國安會秘書處處長在機場耍官威、運安會主委上班摸魚，發言人性醜聞纏身等等。如果再加上蛋價高漲、個資外洩、論文抄襲、高端爭議、黑道治國等問題，也難怪看不到勵精圖治的新氣象，而祇見宿弊百出。

這個換湯不換藥的內閣，一出場就是敗象，恐怕難以期待能夠改心革面以苦民所苦、急民所急、痛民所痛；也顯然只是曠官尸祿，竊位素餐而已！

就拿全民翹首企盼的普發現金為例，原本明明可以在年前普發全民一萬元現金，但綠營政府卻硬要將部分超徵稅收挪作他用，還美其名為「強化經濟與社會韌性及全民共享經濟成果」，但司馬昭之心，路人皆知，不過是企圖政策買票鞏固政權，否則，像美國和新加坡等國直接發現金即可，為何還要包山包海？再以匆忙推出三萬元的房貸補貼為例，符合條件又有多少？買不起房的低收入戶就不管了嗎？

尤其，在民進黨政府執政七年來，利用立法院席次的絕對優勢，通過的總預算和特別預算金額更是急遽增加。就拿「前瞻基礎建設特別條例」，舉債八千八百億元為例，究竟錢花下去了，成果又在哪裡？通馬祖的海底電纜斷裂，對外通訊，竟然只能依靠備援的微波系統支撐，讓馬祖成為孤島！還有，花了十二億興建的新竹棒球場，隨便一挖就是磚頭、電線！八德運動中心羽球館的天花板垮塌，更成為國際笑柄！除了工程弊案外，還有錯誤的能源政策，導致百姓飽受缺電、斷電、停電之苦，而在台的外商也因電源的不穩定，抱怨連連。

更別提坐視民生問題不管，蛋價節節攀升已是離譜到了極點，陳吉仲居然公開表示「祇管蛋荒、不負責蛋價」。問題是「蛋荒」解決了嗎？明明雞農從培育種雞到能大量產蛋，約需六至七個月，但我們蛋價已經上漲超過一年了，雛雞都變成老母雞了，蛋價至今仍未回穩。多虧陳主委還是農經系教授，供需法則不知是如何理解？供給上升，價格自然會下滑，如果蛋荒解決了，價格怎麼還會停留在高點？看來陳主委調整蛋價的那隻手，跟經濟學上的那隻看不見的手是不一樣的。

更為誇張的是，當新任副閣揆鄭文燦及陳吉仲主委前往超市視察時，被巡視的超市雖然滿貨架的雞蛋，但媒體拍攝到該超市是在其巡視前才補滿，而隔壁超市的雞蛋貨架也依舊空空如也。綠營政府常恥笑如北韓般的共產國家，只會做表面功夫來加以宣傳。這次鄭陳聯袂的蛋架畫面，才真是令國人大開眼界，也發現原來民進黨政府的宣傳手法與北韓相比，還真是不遑多讓。

至於民進黨政府引以為豪的「數位發展部」，除了編列鉅額預算外，迄今除設立令人詰屈聱牙，無法理解的民主網絡司、多元宇宙科等司處單位外，引人注目的成效就僅有建構點餐外送系統？

真正企待解決的資安問題，不但沒有解決，反而更加嚴重，百姓個資有如裸奔於大街，毫無掩蔽，電信詐騙，此起彼落，越發猖獗。綠色政權不思對症下藥，竟又研議是否要成立獨立監督機制來負責資安問題！是發現數發部力有未逮，無法重用了嗎？

其實無意唱衰陳內閣，祇是選任或留任問題重重的官員，鄒纓齊紫，上下交相賊，我們實在很難期待新的內閣能有什麼績效而不得不憂心重重！

所謂「不言所難言，諫所難諫，便是唯唯，曠官尸祿。」又謂「不能與群僚同心並力，陪輔朝廷之遺忘，則負竊位素餐之責矣。」看來在綠營執政的最後一年，難以期待行政官員齊心協力，補救缺失。恐怕民間堪問自力救濟平安度過後疫情時代，祈求「天佑台灣」了！

景氣低迷　綠色政權紙包不住火

國發會六月二十九日發布景氣報告指出，受全球景氣走緩、前景不明朗影響，五月景氣亮出連續第七個月藍燈，代表景氣嚴重低迷。「實質半導體設備進口值」、「建築物開工樓地板面積」、「外銷訂單動向指數」及「實質貨幣總計數M1B」均呈現負成長外，其中「實質半導體設備進口值」指數更是十一年來新低。

過去一年以來，我們一再提醒行政機關，但綠官們就是不理。如今，紙包不住火，國發會總算願意面對現實，也出面表示：由於全球景氣低迷，訂單能見度不明，供應鏈面臨去化庫存，導致國內廠商投資保守。

反觀民間，值此出口低迷之際，國民黨及台東縣長歷經六百三十八天的努力，與台東大學等單位合作，積極協助農民改善水果品質，而終於爭取到台東鳳梨、釋迦恢復輸陸。明明是協助農產品外銷出口，明明外銷訂單已經呈現負成長，但鳳梨釋迦等水果恢復輸陸，卻被農委會主委批評「自貶國格」！事實驗証綠官們除了無知、無為、無能、無感外，祇知大內宣、大撒幣、推託卸責和批評。難道真要等到所有東西都無法外銷，讓百姓坐以待斃，才能「保障國格」？

再拿 OECD 要求政府資訊公開透明為例，綠色政權明知國發會所編製的景氣燈號，向來是各界研判總體景氣的重要指標。回顧近三十多年來景氣燈號的變化，每當景氣由綠燈轉為黃藍燈，甚至到藍燈，就可預測苦日子的到來。早在去（二〇二二）年九月就由綠燈轉為黃藍燈，十一月更轉為藍燈。如今，藍燈已經持續第七次亮起；可見景氣十分不樂觀，而需要國人共同努力克服逆境。

令人不解的是，對於全球經濟趨勢，綠營政府卻依舊置之不理，繼續政治掛帥；還誤導民眾台灣有半導體產業鏈的「矽盾」保護，各國均會出面「保台」。還拿經濟傾中為由，無視農漁產品出口大陸的困境，也無視國內觀光產業喪失陸客所受的損害！

麥肯錫管理顧問公司日前的研究報告《Global flows: The ties that bind in an interconnected world》指出：面對新冠疫情、俄烏衝突和近年日漸緊張的中美關係，有觀點認為世界已陷入「去全球化」的潮流。但麥肯錫認為目前仍沒有任何區域能夠自給自足。因此不少國際學者專家也聲聲呼籲，美中應停止對抗，改用合作跟競爭的關係，來改變全球所面臨的困境。

畢竟，產業鏈並不是可以說變就變的，而市場也不是一夕生成的。所以當美國拜登政府一再禁止高階晶片輸中時，輝達執行長黃仁勳也多次強調，雖然在台灣以外的地方製造晶片可行，但大陸市場卻是無可取代的；也公開表示拜登政府的出口管制，已經讓輝達等美國企業遭困。

當「台灣囝仔」黃仁勳都知道縱然產業鏈可以改變，但市場卻是無可取代；綠營政府在台積電等廠商陸續加碼外移後，居然還誤導民眾祇要還有台積電，各國就會繼續「保台」。至於農漁業、中小企業等都可以置之不理？也都可以放棄？

殊不知，中小企業的家數占了國內企業的七成，聘用員工的人數更高達九成；其產值雖遠不及半導體產業，卻是社會安定的重要力量。何況，在主要國家領先指標及製造業PMI下降，而延緩我國出口復甦，以及世界經濟發展不確定的時刻，更應一步一腳印，珍惜現有的外銷市場。綠色政權就算不能效法台東縣政府為縣民爭取海外市場，也不該詆毀有功人士！

事實證明綠營政府只會大撒幣、說大話和美化數字，而無法面對現實，務實規劃福國利民的政策，更無法成為企業國際競爭的後盾。以至於在國際財經形勢平穩時，還稍能掩飾執政者的無能；但值此全球景氣混沌不明之際，則敗象全露，也恐讓台灣經濟陷入浩劫。

如今，國人恐怕也祇能靠自己，而不能再「信賴」這個綠色政權了！

難保二　民進黨創經濟成長歷史新低

曾堅稱今（二〇二三）年GDP可順利保二的主計總處，終於擋不住現實經濟衝擊壓力，將台灣全年經濟成長率下修至一・九五％，也確定今（二〇二三）年GDP無法保二，以及創下二〇一六年民進黨執政以來最差的經濟成長率。

事實上，對一般庶民而言，GDP無法保二早已不是新聞；看看薪資停滯不前、物價狂漲不停，再加上兩岸關係在民進黨操弄下危機四伏，除了成為「地表最危險的地區」外，台灣出口更是連十一黑，無薪假也陸續開啟；更別提低薪、高房價、缺水、缺電等問題，但綠營官員卻始終視若無睹，對如何促進經濟成長也毫無規劃或務實有效的因應措施，只知狂編預算、瘋狂大撒幣、用人民辛苦的納稅錢補貼特定人士，並用大內外宣愚民和混淆視聽。

值此國際政經情勢混沌不明之際，在無知、無為、無能和無感的民進黨執政下，台灣的經濟勢必面臨衰退危機，再加上長久以來的矽盾被逐一破壞、支解，更削弱台灣的國際競爭力，也成為台灣經濟發展的一大隱憂。

在過去幾年來，我就一再提醒並示警主計總處、國發會、經濟部、財政部和金管會等各行政單位注意，偏偏主計總處和行政單位不專業、封建官僚，又不思改進，對學界與產業界的提醒置若罔聞。

尤其，作為政府大帳房的主計總處，一直以似是而非的數據誤導國人，也罔顧事實地堅稱「保二」絕對沒問題。結果，被其今（二〇二三）年第一季公布的「負三．〇二％」經濟成長率嚴重打臉。姑且不論其原先預估的「負一．二〇％」和「負三．〇二％」差距之大極為罕見，今（二〇二三）年的經濟成長更是近十四年來新低，而貼近全球金融海嘯時期的地步了！沒想到官員們還侈言辯稱在發放六千元現金及其他補助後，可帶動經濟成長率〇．三％到〇．五％，因此「保二」依舊樂觀。

結果，跟去年喊了一整年沒有通膨的下場相似，都被事實打臉且在最後關頭才不得不面對現實。即便如此，經濟部長王美花在七月底還想繼續遮掩真相，用「各國對於經濟成長幅度看法略有不同」等話術迴避「保二％」破功的提問。

相較於官員們死鴨子嘴硬，多次用似是而非的數據誤導和混淆民眾認知，卻不斷被現實打臉；中央銀行在今（二〇二三）年六月，總算聽進去我們的提醒和示警，而把今年經濟成長率預估值下修到一・七二％。台灣經濟研究院也隨即跟進下修為一・六六％，中華經濟研究院更是調降為一・六％。

其實，國外金融專業機構的相關預估不但更低且更尖銳。例如：亞洲開發銀行發表亞洲發展展望報告，預估台灣經濟成長率為一・五％；標普全球評級台灣子公司中華信評更下修台灣今（二〇二三）年的經濟成長率到〇・五％；甚至星展銀行（台灣）也大砍今年台灣經濟成長預測值至〇・五％。在在證明，各方對台灣經濟衰退的憂心其來有自。

尤其，台灣屬於淺碟型經濟體，外貿波動對景氣榮衰至關重要，出口更是台灣經濟成長主要動能。而依據財政部數據顯示，七月出口三八七・三億美元、年減一〇・四％，連續十一個月負成長，出口跌幅深且重且創近年來的新高。其中，電子零組件的出口年減七・九％；礦產品、運輸工具各減五七・三％和三四・一％；塑、化、基本金屬製品也年減三成上下；石油煉製品、自行車零件出口值更是折半。累計一至七月出口僅資通與視聽產品年增五・一％，其餘均呈現兩位數衰退。

簡言之，在全球景氣放緩之下，台灣出口疲軟弱，再加上國內物價上漲、通膨蠢蠢欲動，要想台灣經濟復甦並跟上國際腳步，實在不容官員們繼續擦脂抹粉、自我麻痺。尤其，台灣近來淪為美中兩大經濟體政經較勁的籌碼，產業在夾縫中求生存已不易，台灣的經濟和未來在綠官們無力面對和因應下，也只能苦撐式微。

台灣政經危機全球皆知，人民雖看在眼裡，但掌握實權和全國資源的民進黨政府和官員們如果不思力挽狂瀾、一再拒絕面對現實、總是報喜不報憂或只想用大內宣擦脂抹粉，我們也只能在政黨輪替前，繼續為台灣捏一把冷汗！

經濟靠吹噓　政府拿出良心來

雖然政府極力吹噓經濟表現，長期以混淆視聽方式麻痺人民對體感經濟的負面感受，但從通膨帶來的生活壓力、低薪的無力感、滿地詐騙的不安全感來看，人民對政府已不敢有期待。甚至只要民進黨政府別再政治掛帥、製造危機，也別再浮編預算、大撒幣，更別堅持錯誤的能源政策，讓老百姓能喘一口氣就不錯了！

台灣出口連九黑，全年經濟成長率保二危機是不爭事實。但政府提供給民眾的數據與分析總有高度不真實性，只提供樂觀信息，企圖以虛假資訊誤導民眾。

譬如，之前主計總處除了堅持沒有通膨問題，經濟分析也都往樂觀方向吹噓。例如第一季經濟成長率是負三・〇二％，立委詢問今（二〇二三）年能否保二？主計長居然打包票說絕對沒問題。但央行六月十五日理監事聯席會議後，公布調降全年經濟成長率預測值為一・七二％，和主計總處說法大相逕庭。

從央行新聞稿更可看出，國外主要機構對台經濟成長率的預估，除摩根史坦利預估二%，其餘如 Goldman Sachs、Citi、NOMURA 等機構，都不認同能保二，甚至 Barclays Capital 還認為只有〇・七%。

依《政府資訊公開法》規定，政府理應公開正確且完整的資訊，玩數字遊戲誤導民眾已背離依法行政原則，及 OECD 要求公開透明的國際規範。

更令人擔憂的是，台灣作為淺碟式經濟體，受國際情勢變遷影響特別大，政府若政治掛帥導致訊息不明確，就會造成行政單位政策失準，甚至跟國際背道而馳，連帶影響民間判斷。

其實，台灣民眾要求的真的不多。即便政府無能，只要行政官員肯公開面對真實問題，民間多半能凡事靠自己。不論防疫、醫療物資、農漁產出口受阻、詐騙等，不都是民間自行解決的嗎？

出口貿易是台灣經濟成長的主要動力，占 GDP 約六至七成。但財政部六月七日公布的五月出口數據顯示年減一四・一%；同時出口疲憊，但除了華而不實的《台美二十一世紀貿易倡議》，和修正產創條例補助台積電，真正的牛肉在哪裡？

更離譜的是，在美國商會等外資一再提醒下，台灣能源政策缺失和缺電問題已聞名全球；就連台積電董事長也只能說，「政府認為電力是夠的，也只能相信政府」，讓人嘖嘖稱奇。

面對通膨危機、經濟衰退、財政紀律不彰、治安敗壞、盟邦斷交連連、地緣政治風險，以及社會和族群對立與不公現象，政府做了什麼事？只有大內宣而已嗎？官員若再不醒來誠實面對問題，大家還是選一個會做事的政府吧！

笨蛋，問題在經濟！

一九九二年美國總統大選，初出茅廬的阿肯色州長柯林頓面對剛打贏波斯灣戰爭，聲勢如日中天、預備連任的老布希總統，說了一句歷經歲月洗禮而不衰的至理名言：「笨蛋，問題在經濟（It's the economy, stupid）！」點出了任何一個執政黨施政上最重要的一點：「經濟」。

九十年代初，美國經濟因為波斯灣戰爭嚴重衰退，汽油價格也大幅上升，失業率、核心 CPI 更是高漲。老布希就算扛著勝戰英雄的大好名聲，依舊無法連任。

反觀台灣，現在也正面臨著萬物皆漲、經濟衰退的種種問題；央行更是為了抑制通膨，在日前理監事會議通過持續升息，並在其新聞稿上明確指出，是為了抑制國內通膨的預期心理而調升利率，期有助於物價穩定等政策目標。

關於物價，主計長朱澤民三月間赴立院備詢時曾指出，物價已呈現下滑趨勢，祇是，主計總處四月十一日公布三月消費者物價指數卻是（CPI）年增二・三五%，持續高於二％的通膨警戒線。而外食費漲幅擴大、重要民生物資 CPI 年增率也飆至六・一二％。

最令民眾無法接受的是，四月十三日主計總處發布一到二月受僱員工薪資調查統計，實質經常性薪資年增率為負〇・三四％，為近十年來同期最大減幅。也就是說，萬物皆漲，薪水反而下跌。難怪當媒體報導台東大學自助餐一主餐加四樣配菜要價一百八十元，全民哀鴻遍野，紛紛抱怨日子怎麼過？

又依中信房屋調查，有四二％的民眾認為央行會再升息半碼，八二・二％的民眾也認為通貨膨脹現象將持續加劇。人數增加的比率相較上季（二〇二二年第四季）的五五％，上揚了二七・二％。可見民眾愈來愈擔心物價會越來越高，通膨也會越來越嚴重。由此更可確信，綠營政府根本無法讓經濟情勢好轉！

平心而論，這波物價上漲從二〇二一年四月起即初露端倪，到了二〇二一年八月 CPI 就維持在二％以上至今。在二〇二二年三到七月更連續五個月飆破三％。儘管我們和財經學界屢屢示警，但是綠色政權總是以唱衰台灣一語帶過而置之不理，而延誤因應的時機。甚至在蛋價大漲時，還「義正辭嚴」表示祇管「蛋荒」，不負責「蛋價」！

如果綠色政權能正視我們苦口婆心的提醒，相信問題絕不會惡化至此。但是，就因為綠色官員們的外行和怠惰，物價如今恐怕守不住了！就拿雞蛋為例，要不是農委會一再拿天氣變化、禽流感等相同的理由搪塞，而能面對現實，在問題一發生就痛定思痛的解決，當時養的雛雞，如今早就長大可以生蛋了！也不致到現在雙手一攤，說缺蛋的問題到明年都還無法解決。

至於電價及其影響，央行在本次調升利率的記者會上，也明白表示電價大幅調升已導致較高的通膨預期，央行都需枕戈待旦，不敢大意。但綠營政府卻繼續拿「大多數人的電價都不會調漲」的託詞迷惑民眾！

殊不知，就算只有工商用電上漲，業者因而增加的成本，仍會轉嫁消費者。此由今（二〇二三）年春節前後，商家陸續漲價或縮小商品份量、變相漲價可知。民眾從麥當勞、肯德基、頂呱呱等速食店到八方雲集、鬍鬚張的中式連鎖、再到高雄漢來、萬豪等五星級「吃到飽」餐廳，再到無印良品的家俱、用品店家、服務業的洗車等紛紛調漲價格，就可以印證。

十幾年來，台灣低薪的現象雖一直存在，但因物價指數一直維持在二％以下，整個社會終究還維持在安貧樂道的環境中。但現在CPI超過二％警戒線，物價上漲，薪資下跌，綠官們不食人間煙火，但活在現實生活中的百姓怎麼辦呢？又要如何生活呢？

看來接下來的總統大選，恐怕不僅是「戰爭與和平」、「民主與專制」的抉擇，更是百姓能不能繼續過活的選擇！

不問蒼生問小編？

美國 Walmart 公司於二〇二二年五月二十五日宣佈，將和 Drone up 等無人機運營商合作，把它在美國的無人機配送服務擴大到六個州。而 Amazon 公司也宣佈以無人機配送網購物品的 Prime Air 服務也即將在加州啟動。

其實亞馬遜公司在二〇一三年，就已承諾要在五年內實現大規模無人機送貨；祇因實驗的過程中狀況頻傳，而無法如期完成。畢竟一兩架無人機送貨可能輕而易舉，但是機隊大量送貨，調度控制就不簡單。亞馬遜在試行期間，不就曾因無人機墜毀引發森林大火？

尤其，運用無人機配送物品，還需要團隊配合才能執行。歐美大公司因資金雄厚，規模龐大，甚至富可敵國，所以自行組成團隊，研發新創，像是民營的貝爾實驗室，就有多位榮獲諾貝爾獎得主的研究人員。反觀我國企業，因受限於資金及規模等因素，而亟需政府扶持，而進展緩慢。

回顧過往，中華民國政府在一九四九年從大陸撤退來台，在兩位蔣總統的睿智規劃下，台灣從日據時代的貧窮落後，在食品加工業、輕工業、重工業、資訊電子業等產業政策依序引導下，成為全球舉世矚目的亞洲四條小龍。特別是孫運璿、李國鼎等人力主堅持資訊電子產業政策的擘畫下，才有現今引領半導體產業的地位。

當其時，不僅將人才送往國外學習，還利用租稅、土地等政策引導廠商往資訊電子產業發展。而工研院電子所的積體電路研究計畫更是衍生出聯電、台積電等公司，成為今日的護國神山。現在的上市公司中多半都是資訊電子產業公司，都是當年培養的人才開花結果創建的公司。像是宏碁是當時候電腦一哥，其工作夥伴離開後創立了華碩，成為主機板的大哥大，這樣子的例子不勝枚舉。兄弟登山各自努力，都為資訊電子產業發展奉獻心力。

當時為資訊電子產業出謀劃策的工業局長，諸如徐國安、楊世緘、尹啟銘、杜紫軍的理念、方針也廣為人知；而年輕人也一心想念電機、電腦、資訊相關科系，為美好的前途奠定根基。還記得當時全國浸染在全力發展資訊電子產業的氛圍並上下一心，才為今日台灣的成長打下基礎。

但今日的產業政策呢？對於未來產業發展，綠營及其官員至今舉棋不定。新創產業，不管是人工智能、大數據、機器人、還是物聯網等，看不到民進黨政府或其官員有任何規劃，遑論落實。以台積電為例，其抱怨招聘不到人才，蔡總統雖即指示各大學資通訊科系要多招收學生並培養人才，但行政單位竟虛應故事，祇要求資通訊科系加收五％學生，也不管學校師資、設備是否足夠。

此外，各部會預算更是以大內外宣為主，媒體政策及業務宣導費大幅增加，像是農委會，在雞蛋大幅漲價、水果找不到銷售管道之際，居然編列一・五億元媒體宣傳費。不了解情況的人還以為目前台灣農業最大的問題是媒體宣導不夠，需要小編。而行政單位更是大幅撒錢，到處委辦、四處發包，更是舉債度日來籠絡人心！

也難怪公關公司一個接著一個設立，紛紛搶接政府的生意，小編比比皆是。當有問題發生，不管來龍去脈，不管前因後果，不論是非對錯，只要找小編發文劍指對岸。反正一切都是中共同路人造成的結果，我們只要抗中保台，問題就可以迎刃而解。

撫今追昔，如果希望下一代在五十年後，還能像今日我們緬懷當初資訊電子產業成功發展，才能有台積電等護國神山的存在。現在就該做好產業政策的規劃，引導產業發展，促成經濟成長，增加百姓收入。

在網際網路位於奇點，新興科技正在逐步崛起之際，請閣揆及綠營官員好好思考我們的下一步該怎麼走；也請重視問題的存在，請不要再凡事不問蒼生問小編了吧！

選前經濟好，選後大蕭條

針對這幾年稅收大幅超徵，蔡英文總統在二〇二三年元旦致辭也表態，要在全球經濟高度不確定的此刻未雨綢繆，把寶貴的資源，優先協助高風險的國人與產業，來維持國家因應危機的韌性。

可見明（二〇二四）年的經濟衰退是可預期的！但在二〇二二年底九合一選舉前，綠營政府卻一再強調台灣經濟良好，最誇張的莫過於主計總處在選前突然公佈二〇二〇年台灣家戶所得高達一千二百六十三萬元，位居全球第三。針對民間的質疑，還發新聞稿表示，其計算方式無誤。

除此不實的亮麗數字外，綠色政權在二〇二二年還公佈宣稱國人人均 GDP 超過日本、韓國，以及二〇二一年平均年所得六十八萬一千八百元，續創新高，還表示其中未滿三十歲平均年所得五十一萬九千八百元，換算平均月入四萬三千三百元等等令人驚艷的數據，誤導大家未來情勢一片大好！

無論我在國會殿堂上如何提醒全球景氣下跌、台灣絕不可能置身事外，但言者諄諄，聽者藐藐，綠營官員執政繼續表示台灣經濟成長率保三不成問題；還說任何主張台灣經濟不好的人，都是看衰台灣，不愛台灣。就連跳電、斷電，都可以說是台商回台投資過於踴躍等所致。

但去（二〇二二）年縣市長選舉大敗後，綠營政府就換了另一種嘴臉。就連死鴨子嘴硬的主計總處，也在十一月二十九日公佈，二〇二二年全年經濟成長三・〇六％，下修〇・七％；二〇二三年經濟成長預估為二・七五％，也較八月預測三・〇五％，下修〇・三％。終於肯面對現實，承認經濟成長率保三無望。

緊接著國發會公佈的景氣對策燈號，也從原本的穩定，自十一月份轉為低迷，呈現藍燈，景氣指標續呈下跌。主計總處更加碼在十二月二十一日公佈去年薪資平均數實為六十七萬元、薪資中位數為五十萬六千元，領不到平均薪資的上班族人數占比升至六八・三一％，反映中產階層與極端高薪族群的薪資差距，續呈擴大。

令人疑惑的是，怎麼原本欣欣向榮的經濟，只因一場執政黨慘敗的選舉，就江河日下？就像國安基金投入股市，在去年七月十一日開會時還指出，因外銷出口持續擴大、上市櫃營收創新高及疫情有效控管，故市場並無失序，無進場護盤的必要；但在一天之內就急轉直下，十二日晚就指出國際政經情勢不確定性仍高，俄烏戰爭持續推升通膨，主要國家加速升息，經濟復甦前景不明，而需進場護盤。

迄今，行政部門仍交代不清國安基金進場護盤在一天之內峰迴路轉的原因。無獨有偶，台灣的經濟情勢在綠色政權的操縱下，也可以乾坤大挪移，讓公佈的數字急轉直下、翻天覆地、由好轉壞！

經濟情勢及演變其來有自。從新冠疫情開展，美國實施貨幣寬鬆政策等，經濟衰退的陰影就如影隨形。而俄烏戰爭爆發，能源、糧食價格大幅上漲後，通貨膨脹也早在預估之內。

但外行的綠營政府卻為了選舉或其他特殊目的玩弄數據？戲耍民眾？選前，還刻意營造天下太平，國富民安的情勢，期望獲得大家的支持。祇是天不從綠營所願，而被人民看破手腳，導致綠營選舉大敗！

然日子總是要過，綠營政府若只會欺世盜名，矇騙黎民，而不會用賢任能，折節下士，中華民國的未來何去何從呢？也難怪郭董感嘆：「廟堂之上，朽木為官；殿陛之間，禽獸食祿。」

全民的台灣，不可以是民進黨的台灣！

喧嘩多時的九合一選舉已經順利閉幕，民進黨獲勝的縣市長席位是自其創黨以來最少的一次，顯見政黨輪替的時鐘已經啟動。如今，人民已經忍無可忍，而不再沈默！

想起投票前，林智堅論文門雙抄襲案吵的沸沸揚揚，即便台灣大學認定抄襲，其指導教授國安局局長陳明通，還繼續堅稱林智堅論文絕沒有抄襲，硬想蒙混過關。當立委詢問時，還滑頭地表示：陳局長不回答陳教授的問題。逼得人民祇能用選票教訓這個不誠實的政黨。

除了論文抄襲，也有地制法、總預算等案件無視憲法五權分立制度，竟直接逕付二讀，意圖封殺立法委員的職權；嗣又推出箝制言論自由的「數位中介服務法」，在遭民間大肆批評後，蘇揆就出面表示暫緩，但國家通訊委員會卻依舊故我將之納入二〇二三年的施政重點，完全無視全民反彈。

疫苗採購更是問題重重！當輿論要求預算編列、使用及執行應該公開透明並攤在陽光下檢視時，行政部門及審查決算的審計部卻說是疫苗採購是機密文件需保密三十年。但當民間提出外面疫苗採購資訊質疑時，又辯稱是保存三十年而不是保密三十年。

既然是保存，卻仍拒絕公開訊息，就連高端都公布重訊後，衛福部仍繼續黑箱作業，就連高端的EUA，也一樣拒絕公開。又明知自己買不到疫苗，還污衊地方政府、工商企業及宗教團體等買不到，更處處卡關或指稱民間採購的外國疫苗是過期貨或大陸製等錯誤訊息。最離譜的是指稱原廠代理商無權出售疫苗，必須直接向原廠購買等等；如今更搬出若不是陳時中，宗教團體早就因掮客介入而受騙上當，但又堅持不讓全民知道誰是掮客。

當百姓對於高端疫苗怨聲載道之際，主計總處及審計部的調查報告也無視預算法、決算法及會計法的規定，以及立法院財政委員會的決議，未予詳查就逕稱「沒有問題」！

一向主張抗中保台的民進黨政府，雖一再強調愛台，卻容忍其口中堅稱的「純」國產高端疫苗的二期實驗由中資公司負責？綠營官員、民意代表及家屬，也被陸續爆料與大陸國營企業合作，大賺人民幣。更離譜的是青埔寮和一件件的治安敗壞或網路霸凌事件。人民終於發現，原來這就是綠色政權的真面目！

在面對鋪天蓋地的政令宣傳同時，主計總處竟又拋出台灣的人均 GDP 超過日韓的訊息；還說我們的每戶財富高於美、日、韓，而與 OECD 等國相較，更位居全球第三，僅次於盧森堡和瑞士。也強調三十歲以下的年所得收入達五十一萬九千元，換算每月收入約為四萬三千元等華麗不實的誤導數據。

這種生活在天堂的錯覺，卻被節節升高的蛋價、持續上揚的通膨指數一棒打醒。即便我們舉美國及新加坡等外國為例，一再呼籲綠色政府將超徵的稅收還稅於民，以拯蒼生於水火之中卻始終不可得！就算連民生必需品「雞蛋」的一再漲價會影響物價乙事，農委會主委陳吉仲居然還講風涼話，表示只承諾解決蛋荒，沒說過解決蛋價！

這次選舉，雖然民進黨只拿到了五席縣市長，但中央政府仍舊是綠營執政。浮濫編列預算及大撒幣的情形依舊。一連串的「綠能你不能」雙標事件、一系列美化的數字，再也掩蓋不了執政的無能，但民進黨仍然捂著耳朵，蓋著眼睛，自以為是。對於如此不思檢討的政黨，似乎也祗有在中央選舉用選票唾棄它，才能讓它幡然醒悟。

至於在野黨當然也要好好努力，並記取二〇二〇年無法取得執政權的教訓，以免重蹈覆轍。周雖舊邦，其命維新，只要在野黨跟得上時代的潮流，了解民意的走向，回應百姓的要求，就可以推翻腐敗的政府並應拿回執政權。

水能載舟也能覆舟，執政者真的不要以為獲得權力就可以千秋萬世。只要違背民意，人民始終可以將權力收回。這才是自由民主的真諦與可貴之處，也才是國際社會迄今仍繼續支持中華民國的主因！

善良的台灣人民卑微的期待政治有底線，更要回歸正直、專業且以民為主。如今，政黨輪替的訊號已經響起，就看誰能贏回民心？真正的考驗才剛開始！

失控的財政　只見灑幣

藏在「特別預算」裡的貓膩：蔡政府的舉債數字，是馬政府的2.9倍

近來，政府債務與特別預算成了焦點熱議話題，身為在野黨民意代表，自然應該嚴格監督政府的預算籌編與執行、舉債及償還。也因此，從二〇二〇年上任以來，就針對財政弊端，一再提醒行政官員並提案因應。可惜的是，在綠色政權國會過半的現實下，多項提案都無疾而終。

就以「特別預算」為例，即便《預算法》第八十三條明文規定，祇有在「一、國防緊急設施或戰爭；二、國家經濟重大變故；三、重大災變；四、不定期或數年一次之重大政事」，行政院才能在「年度總預算」外提出特別預算；而主計月報社出版的《預算法研析與實務》及專家學者們也針對前開條件明確限制。

以「國防緊急設施或戰爭」來說，僅限於及時充實國防維護國家安全，或因應已爆發戰爭所需的國防緊急設施或資源，而來不及編列在總預算內的，才可使用特

別預算因應；而所謂「國家經濟重大變故」，則是指國家遭逢重大經濟事故致危及國家生存發展，而需編列特別預算穩定國情者。

「重大災變」的部分，則是國家遭受重大天然災害或其他重大災變時，所需的救災或災後重建經費；「不定期或數年一次之重大政事」則指遇有不可預期且非定期的重大偶發變故，而需及時籌措的因應經費。

反之，若屬於可預期、具規則性，或非數年一次的情事，就不符合此要件，而不應編列「特別預算」。

依照法規，滿足哪些條件才能編列「特別預算」？

舉例而言，一九九三年至二〇〇一年度分別向美國或法國採購的F16及幻象二〇〇〇戰機，就是在「國防緊急設施或戰爭」基礎下編列特別預算；行政院為因應一九七三年爆發的全球能源及糧食危機導致國內糧價暴漲問題所提出的「糧食平準基金特別預算案三十億元」，以及二〇〇七至二〇〇八年為因應全球金融海嘯，回穩經濟局勢而編列的「振興經濟擴大公共建設特別預算四千九百九十一億元」是在

「國家經濟重大變故」基礎下編列。

至於一九九九年為因應九二一大地震的「九二一震災重建暫行條例」的特別預算一千億元，以及二〇〇三年因嚴重急性呼吸道症候群（SARS）肆虐所提出的「中央政府嚴重急性呼吸道症候群防治及紓困特別預算五百億元」則是在「重大災變」的基礎下編列。

此外，一九九〇年將第一銀行、華南銀行、彰化銀行三家商業銀行部分股權轉移省有四十四億五千六百萬元特別預算，以及一九九一年「中央戰士授田憑據處理補償金及其發放作業費」的特別預算八百八十二億，則是在「不定期或數年一次之重大政事」基礎下編列，則指不可預期且非定期的重大偶發變故。

從上面的例子可見，過往對於「特別預算」的編列均小心謹慎且金額有所依據。究其所以，就是因為「特別預算」是為了讓政府在面臨不可預期的突發事故，來不及將因應所需項目及金額納入「年度總預算」時，有個救急的特別手段。何況，「特別預算」多以舉債方式籌措財源且不納入舉債上限的範圍，一旦濫用則後果不堪設想。

沒想到，蔡政府這七年來，竟然無視「特別預算」的法規限制，以各項名義編列了十三項特別預算（包括：流域綜合治理計畫第三期、四期的「前瞻基礎建設」、

「新式戰機採購計畫」、「嚴重特殊傳染性肺炎防治及紓困振興特別預算」（含原預算及四次追加）、「海空戰力提升計畫」、「疫後強化經濟與社會韌性及全民共享經濟成果」等），其總額更是高達兩兆四千九百六十七億元。

其中，除一百三十一億元稅課收入、二千二百五十億元來自「移用以前年度歲計賸餘」外，其餘兩兆二千五百八十六億元均來自舉債（請參閱下表）。

如果拿去（二〇二二）年全國 GDP 總額二十二兆六千七百億元為基準，就可發現蔡政府以「特別預算」為由的舉債金額，約當全國 GDP 的一成。其相較於馬政府時期的特別預算總額七千九百五十三億元和舉債總額七千七百五十四億元，蔡政府的「特別預算」總額和舉債竟是馬政府的三．一四倍和二．九倍。如此高額的債務日後都將由後代子孫償還的，也難怪民間痛批民進黨政府將債留子孫！

監察院和審計部的報告，都曾指出蔡政府預算編列的問題

雖說蔡政府十三項特別預算中的「流域綜合治理計畫」、「嚴重特殊傳染性肺炎防治及紓困振興特別預算」和部分「新式戰機採購計畫」與「海空戰力提升計畫」

勉強還算符合特別預算編列的法規，但金額龐大且舉債最高的前瞻特別預算就極具爭議。

就此，就連監察院在其二〇二一年「109 財調 0022」字號調查報告中指出：特別預算確有常態化的現象，還表示行政部門「未嚴格限制特別預算編列要件」，以及「有特別預算浮編，破壞正常預算體制之情事」。

其更指出：「二〇二〇年度中央政府總預算案歲入歲出雖平衡，卻因特別預算短差一千二百三十二億三千萬元」及「前瞻計畫納入原已編列公務預算等計畫，恐有政府將部分支出隱藏於前瞻計畫特別預算，造成二〇二〇年度總預算財政收支平衡假象」等。

足見，前瞻基礎建設之以「特別預算」編列實有疑義，畢竟其中諸多項目並非「救急」，實屬經常性支出，致有將部分年度支出隱藏於前瞻計畫之不法。尤其，前瞻特別預算每期的經常門占比都超過一〇％，最近兩期更高達一五％及二〇％。也就是說總額約七千七百億元的四期前瞻計畫，其中有一五％（約一千一百八十億元），是用在無法留給後代子孫任何建設或成果的支出上。何況，這些支出理應依法編列在「年度總預算」，而不應納入「特別預算」。

蔡政府時期特別預算編列情形

單位：新台幣億元 *

特別預算項目	預算數	舉債	移用以前年度歲計賸餘	稅課收入
流域綜合治理計畫（三期）	235	104		131
前瞻基礎建設（一期）	1,071	1,071		
前瞻基礎建設（二期）	2,230	2,230		
前瞻基礎建設（三期）	2,298	2,298		
前瞻基礎建設（四期）	2,098	2,098		
新式戰機採購計畫	2,472	2,322	150	
紓困 **（原預算）	600	300	300	
紓困（第一次追加）	1,500	1,500		
紓困（第二次追加）	2,099	2,099		
紓困（第三次追加）	2,595	2,595		
紓困（第四次追加）	1,600	1,600		
海空戰力提升計畫	2,370	2,370		
疫後強化經濟與社會韌性及全民共享經濟成果	3,799	1,999	1,800	
總計	24,967	22,586	2,250	131

資料來源：行政院官網

* 億元以下四捨五入

** 嚴重特殊傳染性肺炎防治及紓困振興特別預算

反觀馬政府時期，除了二〇〇九年為了因應全球金融海嘯而編列的三年「振興經濟擴大公共建設特別預算」，第一年的經常門占比是為了解決國內失業問題，而編列二百五十四億元「培育優質人力促進就業」致經常門支出高達二二％外，其後年度之經常門支出皆未超過一〇％，最後一年甚至在三％。

其實，經常門之占比，還只是前瞻計畫未嚴守特別預算條件與財政紀律的冰山一角；其他問題更是罄竹難書，也讓人怵目驚心。舉例而言，審計部「中央政府前瞻基礎建設計畫第三期特別決算審核報告」就指出，環保署的「環境品質感測物聯網發展布建及執法應用計畫」、「智聯網－跨世代環境治理計畫」，及其與科技部共同執行的「新世代污染鑑識及感測技術開發計畫」的實際執行率僅有六成。

其中，八成多的固定式水質感測器在未滿三年就被取消租用，而移動式及手持式水質感測器也只有兩成持續；更有兩成移動式及七成手持式的水質感測器遺失、毀損或暫停運作，嚴重影響IoT平臺建置成效。此外，該審核報告也指出，行政院辦理的「強化政府基層機關資安防護及區域聯防計畫」規劃欠缺周延的影響評估，以致建構區域二線資安聯防監控中心（SOC）機制潛存難以長期穩定運作之固有風險，而且該通報平台也缺乏務實研擬配套措施，並缺乏適切績效考核機制，以及未持續

前瞻基礎建設與振興經濟擴大公共建設特別預算分析表

單位：新台幣億元 *

總統	特別預算項目	總額	經常門	經常門占比	資本門	資本門占比
蔡英文	前瞻第一期	1,071	137	12.8%	934	87.2%
	前瞻第二期	2,230	251	11.3%	1,979	88.7%
	前瞻第三期	2,298	363	15.8%	1,935	84.2%
	前瞻第四期	2,098	429	20.4%	1,669	79.6%
馬英九	振興經濟擴大公共建設（98年度）	1,492	333	22.3%	1,159	77.7%
	振興經濟擴大公共建設（99年度）	1,911	181	9.5%	1,730	90.5%
	振興經濟擴大公共建設（100年度）	1,589	48	3%	1,541	97%

資料來源：主計總處

* 億元以下四捨五入

推動等等缺失。

另外，該審核報告更指出：經濟部工業局辦理的智慧顯示跨域應用暨場域推動計畫，雖花費七億二千萬元，卻執行不力；以及其二〇二一年四月二十一日成立的智慧顯示產業跨域合作聯盟（Smart Display Industrial Alliance, SDIA），除會員逐減外，舉辦跨域媒合活動成案件數也偏低。其實，這項計畫本該於年度總預算內編列並執行，卻偷渡到前瞻計畫中，又執行不彰而無法提供後代子孫任何關鍵基礎。

除了預算編列的問題，民進黨政府對地方的分配不公，也是有目共睹，更養成中央大開支票，地方政府含淚買單的怪異現象。其中最明顯的例子便是軌道建設，此有立法院預算中心的「中央政府前瞻基礎建設計畫第三期特別預算案評估報告」指出：「截至二〇一九年底，前瞻基礎建設計畫核定補助地方政府經費為四〇二八億元，地方自籌經費為四〇二五億元；也就是地方政府肩負一半經費」，以及「軌道建設核定總經費為五四八六億元，中央僅補助二二〇三億元，地方自籌款卻高達三二八三億元，占軌道建設費用近六成」可證。

民進黨政府這種不負責任的態度，對於財政不充裕的縣市政府來說，不啻是雪上加霜。其中，最明顯的例子就是：陳水扁競選總統期間曾口頭承諾中央會全額負擔嘉義市鐵路高架化工程費用，但迄今仍未兌現，也導致嘉義市需要自行負擔鐵路高架化四八・二億元的經費，也讓嘉義市民覺得真心換絕情。凡此種種，均驗證民進黨政府和綠營官員們的無視法律編列特別預算、舉債、怠惰和不公，也令人擔憂其浮編預算大撒幣的惡行，不僅將後代子孫原有的錢，打了水漂而消失殆盡，更嚴重破壞預算與財政紀律而不可原諒！

撒幣怪獸太離譜　只會糊弄人民

政府預算浮濫與財政紀律不彰雖屢遭民眾質疑，官員依舊死鴨子嘴硬，辯稱沒有債留子孫，還說經濟持續成長。事實上，綠營執政後浮濫舉債已是不爭的事實，也造成年輕族群慘遭世代剝削。尤其，這七年多以來，竟編列十三項總數超過兩兆的特別預算，在在驗證特別預算常態化已到離譜的地步，財政紀律也已全然破壞；所謂的經濟成長更是依賴紓困和補貼，民進黨竟然還有臉背棄事實自誇？

就拿特別預算為例，明明知道特別預算只有在「國家經濟重大變故或數年一次之重大政事」等特殊情事才可編列，而其編列的項目中，更不乏一般預算的延續，而不應納入特別預算，卻置之不理，依舊我行我素，以遂行一己之私。

種種跡象更是凸顯民進黨的違法亂紀和執政傲慢，以及透過綠委國會過半的多數暴力，一而再、再而三的把特別預算當作規避舉債上限的巧門，導致國家社會資源被行政機關或官員們濫用，甚或為選舉揮霍。

預算制度和國會監督的目的就在確保國家資源的妥善運用，也因此，中央政府的預算無論從編列到執行，都必須符合規範，才能落實分配正義，並極大化國家政策的執行與效益。

是以，公開透明並經得起全民檢驗是最基本的要件，也是民主國家的重要精神，以避免行政機關獨大和政策買票、大撒幣與綁樁等離譜行徑。

豈不知特別預算浮濫的結果，等於民主制度自斷手腳。如今，在綠營執政和國會過半的護航下，全台人民辛苦的納稅錢也慘遭算計和巧取豪奪。

就以前瞻計畫為例，其不但誇大不實，從編列到執行，也一路掉漆，而毫無紀律與效率可言。其八千八百億元的經費更是「十大建設」的三・六倍。只是，相較於十大建設之奠定台灣經濟基礎，前瞻計畫雖已執行六年多，綠官們也大言不慚的誇其成效，但民眾眼裡看到的卻是，前瞻計畫從預算編列到執行，竟是錢坑連連、績效低落；也驗證了綠色政權下的「前瞻基礎建設」既不前瞻、也沒有基礎，更是無法完善建設的「撒幣怪獸」！

究竟國家層級的戰略規畫在哪裡？實在看不到、也不知道。如今，民眾感受到的是，前瞻特別預算就是中央政府大開支票，卻由地方政府出錢買單的四不像！綠色執政既不專業、也不用心，只知用數據糊弄全民。

二〇二四年，只能仰仗全民一起來，用手中的選票，共同拆解綠色政權的違法亂政和威脅世代生存的未爆彈！

失控的總預算

民進黨政府主導下，二〇二三年中央政府總預算案再次輕騎過關，一切按執政黨的數字完成三讀。但事實上，在執政黨不分青紅皂白地全力護航之下，中央政府預算毫無顧忌地「變胖又變高」，立法院則淪為行政院立法局，無法監督、無法嚴審、也無法控管。

國會監督功能幾近停擺，審查預算流於形式，甚至以「包裹」或通案處理方式掩護過關；以至於行政單位有恃無恐、為所欲為。總預算更如脫韁野馬般失控，特別預算也跟著滿天飛；政府債台高築，借新債超過還舊債，公共債務越還越多，加速財政管理失能，可說是政府危矣！

維持適度支出規模，原本該是財政紀律的重要考量，但政府卻不思檢討改進，只想透過大內宣混淆視聽、帶風向，佯稱此舉足以「照顧國人、壯大台灣」；但事實上，中央政府總預算規模已連續四年超過二兆元，且逐年升高，今（二〇二三）

年更直奔三兆，實在讓人怵目驚心。還別提許多支出都藏在特別預算裡，根本無法從總預算的編列中窺見端倪。

尤其，中央政府二〇二三年的預算支出高達兩兆七千一百九十一億元，但在民進黨多數席次的強勢表決下，最後竟僅小刪一％多一點！揭開總預算的黑箱一看，實在讓人痛心疾首！執政黨好大喜功、鋪張浪費，還無視世代正義，一再借錢舉債，什麼項目都往特別預算裡塞，導致佯稱「最會還債的政府」，公共債務卻越還越多；國債鐘不斷堆高，年初人均債務已達二十四萬七千元。

其中巧門就在於特別預算常態化，明明總預算該做的事，卻拿特別預算支應，藉以迴避法規與民意監督；不但以債養債，造成世代剝削與世代不正義，更讓國家財政更為困窘。結果面臨施政欠缺優先順序與前瞻布局的多重衝擊下，如能源等一堆錯誤政策難以收拾，更釀成棘手的錢坑，也驗證政府管理失衡失能，以及財政惡化、紀律不彰等亂象。

因此細審民進黨口中史上最大規模的中央政府總預算案，實在看不出來有幫助台灣邁向下個世代產業榮景的企圖心，也不見協助民眾與企業解決問題、趨利避害的同理心，只看到政府狂撒政令宣導預算，試圖用漂亮的帳面數據麻痺全民，拿出大筆預算掩蓋政策失敗的黑洞，延緩危機的發生罷了！

偏偏在這種總預算浮濫編列及濫用失控的情況下，國人卻要獨自面對國際通膨壓力、兩岸關係緊張、中美科技戰衝擊，以及幾乎是金融海嘯等級的全球經濟蕭條局勢！如今，第四季的 GDP 驚見負成長，人民生活叫苦連天；綠營官員竟然還洋洋得意，拿著似是而非的數據忽悠全民，也依舊對迫切的危機無知、無感、無為、無能。只能說，國家危矣，民眾危矣！實在讓人難以忍受。

就拿政府預測失靈釀成超徵近五千億稅收為例，這筆錢來自全民，發給全民天經地義，拿來補國家稅收虧空也無不可；但中央政府比黑道還黑道，蘇揆雖口頭表示同意發放六千元現金；但行政院卻拿發放現金當藉口，包山包海的把失敗政策都納入特別條例，還白紙黑字的空白授權行政單位為所欲為。一切像極了組頭作莊大抽頭，而以照顧人民的名義在預算上灌水的作風，依舊不改。

看看民進黨政府，明明是錯誤的能源政策讓電價成本大增，並導致供電不穩定，用電缺口浮現，如今竟想把超徵的稅收和人民辛苦的血汗錢拿去補政府和台電等國營事業的巨額虧空，這樣合理嗎？把人民當猴耍好玩嗎？

凡此種種也正好驗證，政府編列的總預算未依法編列，也和現狀脫節。綠色政權大撒幣導致總預算補貼不足的結果，竟還把腦筋動在超收稅徵上，還想把人民納稅錢就在這樣黑箱操作下被分贓、浪費掉了！

我們真的要奉勸綠色政權執政黨，這些白花花的銀子，並不是官員的祖產或無感的數字，一塊錢、一塊錢都是向老百姓徵收而來的血汗錢，中華民國萬萬稅，只要是中小企業、上班族，沒有一塊錢的稅跑得掉，更沒人能抵擋政府的財稅課徵。所以「還稅於民、現金給付」之所以形成全民共識，正代表人民對政府分配資源能力的不信任。至於舉債，更不是白吃的午餐，而是借我們子孫、曾孫的錢，讓後代子孫承擔成本，來給現在的政府套取即期的政治利益罷了。

所以拜託民進黨，別再敗家了！主計總處、審計部也該醒醒了，至少好好控管、監督吧！也拜託政府官員摸摸良心、苦民所苦。拜託把錢花在刀口上，撙節支用經費，結餘不必要支出，恪遵財政紀律，以供以後年度籌編預算財源才是正辦；資源更該優先投入長期性的國家建設與經濟發展支出。

至於鋪張、浪費、怠惰、挪用、吹噓，不讓民意發聲，沉溺網軍治國，黨政不分，以及債留子孫等吃乾抹淨、狂編大撒幣的事，就別再做了吧！

政治掛帥，前瞻變錢坑——撒幣怪獸不手軟

民進黨執政編列四期八千八百億元前瞻基礎建設特別預算，大手筆不說，經費更是「十大建設」三・六倍。只是六年過去了，在沒有縝密且長遠的戰略規劃下，雖然大內宣不斷，官員也眾口鑠金誇其成效，但在民眾眼裡，前瞻計畫從預算編列到執行，可以確定的是錢坑連連、績效低落。說穿了，在民進黨政府執政下，前瞻基礎建設計畫早已淪為既不前瞻、沒有基礎，更無法完善建設的「撒幣怪獸」！

其實，相較於十大建設催生出替台灣打下經濟發展根基的重大基礎設施，也讓台灣脫胎換骨；前瞻基礎建設卻成為爭議不斷且失控的怪獸根源，就是綠色政權的不諳國家大政和基礎建設重要性與影響。尤其，其等一路走來，總是政治掛帥，也讓政策買票的質疑聲浪不斷，更令人擔憂政府不把錢花在刀口上的後果嚴重！

遠的姑且不說，單就近年爆發爭議，至少包括斥資十二億元（其中含前瞻計畫六億多元）的新竹棒球場。這項名不符實的建設不僅是工程界笑話，更因明星球員

在比賽中受重傷，致台灣負面形象遠播國際。

更別提迄今一事無成的數位發展部，其高達二百一十億元預算中，也有一百六十多億來自前瞻第四期特別預算。此外，隨著軌道建設陸續進入高峰期，地方政府也突然驚覺縣市自籌款高得嚇人，恐成壓垮地方財政的錢坑。

事實上，不論民間或媒體均已一再反應，中央政府不但財政紀律不彰，對綠色執政和非綠地方政府的補助也大小眼。立法院預算中心在前瞻第三期特別預算案評估報告中更嚴重警告：前瞻基礎建設之地方政府自籌款比例與金額過高，將成為地方財政重大負擔。

該報告並引用審計部統計數據指出：截至二〇一九年底，前瞻基礎建設計畫核定補助地方政府經費為四〇二八億元，地方自籌經費為四〇二五億元；也就是地方政府肩負一半經費。其中最誇張的就是「軌道建設」，核定總經費為五四八六億元，中央僅補助二二〇三億元，地方自籌款卻高達三二八三億元，占軌道建設費用近六成。

換言之，前瞻基礎建設原就是國家層級的戰略規劃，如今，卻成了中央政府大開支票，卻由地方政府出錢買單的四不像！前瞻基礎建設經費配置失當的結果，也使得地方的財政與施政布局陷入惡性螺旋之中。

民進黨政府大剌剌的拿各地基礎建設當作中央政府的政績宣傳，地方財政再怎麼不充裕，也不能因此把中央撥下來的少許經費推出去。否則，豈不害在地民眾相較其他地區成了二等公民？所以，再怎麼吃苦艱辛都必須加入這場前瞻基礎建設的賽局。但結果卻是，這些足以影響國家百年大計且費用高昂的基礎建設，常因民進黨政府的苛扣，導致地方政府肩負過重自籌壓力而延誤。

殊不知，前瞻條例第三條「中央執行機關應考量國家發展及地方需求，研擬計畫，合理分配經費」之為保留彈性分配空間的規定，到了凡事「政治掛帥」的綠色政權手中，竟變成中央政府政治鬥爭的巧門。也因中央政府計畫預算及調配一把抓，造成綠色政權一手遮天、橫行霸道的亂象。此有中央地方完全執政的縣市，屢獲重大建設支持，而在面對在野執政地方政府的重大建設就直接跳過，難以獲得應有的財源及補助等不公平的軌跡。

前瞻基礎建設計畫有這麼多不合常理，刻意遺忘、輕視地方需求的亂象，地方民眾對中央政府的不信賴其來有自。如今，不論綠色政權的大內宣再怎麼說得天花亂墜，也難以說服因政府無知、無為、無能和無感而喪失信心的人民了！

問題是，淪為政治工具的前瞻基礎建設計畫，不僅沒有打下經濟發展的百年基礎，反而更進一步造成地方政府財政困窘局勢。以致這七年來，不但中央政府歲出與債務屢創新高，財政紀律惡化程度愈來愈嚴重；地方財政也日顯吃力，讓人擔心積重難返。但中央綠色執政卻依舊我行我素、無為無能。如此不負責任，像是活在平行時空，除了政黨輪替，民眾又還能期待什麼呢！

主計總處的笑話一則

主計總處本（二〇二三）年八月十日公佈：本國籍全時員工（不含外國籍與部分工時員工）的經常性薪資平均為四萬八千零三十二元，獎金及加班費等非經常性薪資則為九千零一十三元，總薪資平均共計五萬七千零四十五元。隨即網路上又「道歉」聲量充斥，也紛紛表示「我拉低水平向社會大眾道歉」、「到底是誰在拉高薪資平均啦」、「看來是有把郭爸爸平均進去」等。

一再自愚愚人的主計總處，絲毫無視各界的批評聲浪及要求用「中位數」表示，才能貼近現實並讓民眾了解員工薪資的真相。但言者諄諄聽者藐藐，主計總處依舊不提「中位數」，而堅持用「平均數」。也難怪網友們看到脫離現實的高薪資數據後，會紛紛自嘲自己拉低了平均薪資，對不起社會，更對不起國家！

此外，主計總處該份報告也指出：「六月金融及保險業、出版影音製作傳播及資通訊服務業經常性薪資為六萬六千五百八十七元、六萬五千四百五十元相對較高」，其似乎意指：理專、網紅及一四五〇側翼們的薪水更高於一般受薪階級？耐人尋味的是，綠色政權對此應該貢獻良多。畢竟，數發部二百多億的預算唾手可得，再加上動不動就大內外宣的經費支出，只要跟綠營有關係，承包個大內外宣，發些言不及義的貼文，就可以賺個盆滿缽滿，何樂而不為之？

問題是主計總處也同時指出，今（二〇二三）年一至六月的受僱員工經常性薪資平均數雖為四萬五千三百五十七元，但在剔除物價因素後，實質總薪資卻是年減〇・七三％。簡單的說就是在把物價上漲幅度納入考量後，錢愈來愈薄，導致民眾可以享用的物資也越來越少。

如今，本份刻苦的百姓，除了被超徵的稅收和政府的舉債壓得喘不過氣來外，還要自行面對薪資追不上通貨膨脹的現實和諸多民生問題。但民進黨政府依舊我行我素，也依然故我，繼續無知、無為、無能且無感；而祇知坐領高薪、無所事事、還想隱匿真相的無良官員們，對於人民的困境和國家的未來也依舊置之不理，而祇是一再甩鍋和誤導。對於這樣的執政，究竟人民還要忍受多久？

在綠色執政下，台灣民眾日以繼夜的辛勤工作，才獲取些許微薄的薪資。但反觀鄰國，二〇二〇年日本的薪資中位數是新台幣八萬八千二百一十元左右；而韓國的薪資中位數也達七萬零一百五十三元；台灣的中位數薪資則為四萬一千五百元，還不及日本的一半（四七％）和韓國的六〇％。難道台灣人民的素質不如日、韓嗎？絕對不是！

何況，主計總處也終於承認受全球景氣趨緩，並表示：整體終端需求疲弱影響，製造業受僱員工人數年減三・三萬人，為近十四年同月最大減幅，也是金融海嘯之後最大減幅。如果再加上勞動部八日公布減班休息（無薪假）的統計，問題更加嚴重。此所以美國政府這幾年來，為了要讓美國再度偉大，一再強調製造業回流，也想盡辦法讓台積電到美國設廠。然則，綠營政府和綠官們不但不檢討改進，還制定錯誤政策擴大台灣缺水、缺電等五缺問題和加速投資環境的惡化，並漠視製造業流失和喪失國際競爭力，也讓台灣的矽盾四分五裂。

當年輕朋友自嘲「拉低了薪資水平」，或批評政府「時不時就喜歡拿平均工資來搏君一笑」時，綠色政權和綠官們可曾想過務實規劃提振經濟並創造兩岸和平共榮？好讓我們的下一代也能在國際舞台上發光發熱，或至少回到國民黨執政時期的「台灣錢淹腳目」年代！如果不行，至少下台負責吧！

還稅於民　剛好而已

在經濟衰退，物價上漲的今日，稅收持續超徵，導致民眾抱怨連連，蘇揆才不得不宣佈要普發六千元現金給全民。民眾則如大旱望雲霓般，期望在春節前收到，以便討個吉利好過年。但綠營政府卻給得心不甘情不願，一再表示作業程序來不及，要到春節後才能發放。

甚至還大言不慚表示，每年的預算是前一年度八月編列，因為時間差的原因，才預估不準。但藉口終究會被戳破，畢竟如果只有一次的話，還可以拿不小心或一時失準當藉口，但連年超徵，不就是一錯再錯，知錯不改？竟然還想繼續愚民？所謂「前事不忘後事之師」，綠營官員就是唯我獨尊，不知也不想記取教訓嗎？

何況，預估失準頂多一點點，又怎麼誤差連續二年高達四千億（二〇二一年全年總稅收大於二兆四千四百一十六億元預算數達四千零三十四億元，二〇二二年截至十一月底，增加三千五百五十四億元，預估全年超過四千五百億）？這個比例還能算誤差嗎？類似的事情如果發生在民間，企業和經營團隊不早就被政府官員Ｋ慘了嗎？

如今，「綠能你不能」的進行式遍地開花，從中央到地方。難怪新竹棒球場的預算，從原先的二億多，追加到十二億，還弊病叢生。這也驗證在民進黨執政下，凡事隨便且我行我素！祇見預算大筆大筆的編，鈔票大筆大筆的撒，但就是看不到民間的疾苦，也聽不到民眾的心聲，更不肯「還稅於民」！

成事不足、敗事有餘就是綠色執政最好的寫照，就拿新竹棒球場為例，居然隨地一挖，就發現不符規格的碎塊和電線等廢棄物！再拿桃園八德運動中心為例，竟然一個三級地震，就可以把天花板震下來，搞得全球皆知。

另外，對於普發還稅於民，居然還謊稱需要舉債一百五十億才有辦法普發，好像是多大的恩賜？完全忘了民主國家以「民」為本，人民才是國家的主人翁，行政單位是為「服務人民」而設立的；也完全忘了「取之於民、用之於民」！在二〇二一年超徵四〇三四億後，不但不思檢討改進，竟然繼續加碼，讓人民平均分擔的債務（也就是俗稱的「國債鐘」）從二〇二一年十二月三十一日的二十四萬八千元加重到二〇二二年六月三日的二十六萬六千元；在飽受批判後，終於還了些許，才讓國人在二〇二二年十二月三十一日的平均每人負擔債務減為二十四萬七千元！

顯見民進黨政府擅長左手還錢、右手借錢的乾坤挪移把戲。就以二〇二一年稅收超徵四〇三四億為例，一年過後的二〇二二年，每個人負擔的債務依舊，究竟稅收超徵的四千多億花到哪裡去了？

林林總總荒唐施政不斷，不論是花大錢買全球多不認的高端疫苗，還是花大錢追加預算蓋了弊病叢生的新竹棒球場，或是預備花大錢補助台電一千五百億等等，但這些錢是該花的嗎？為什麼不是由違法或失職的官員或執政黨負責呢？又為什麼該由人民承擔？

蔡政府自上台後，除了二〇二〇年外，每年稅收超徵，但善良的人民始終包容，也選擇原諒。不料蘇內閣竟食髓知味，二〇二一年超徵四千多億！我早在二〇二一年十一月十五日就在立院殿堂公開呼籲「還稅於民」。如今已一年有餘，綠色政權依舊不改，繼續加碼超徵並大筆大筆的編列特別預算和總預算。面對這個無心公務，不把人民放在心裡，且花錢不手軟，又恣意亂花錢的綠色政權，「還稅於民」只是剛好而已！

還稅於民只是還納稅人基本公道

總統蔡英文曾召開國安高層會議初步規劃將一千八百億超徵稅收與全民共享，本被視為發現金有望；沒想到事隔一天就被打了回票。雖然民進黨政府出爾反爾、朝令夕改，動輒髮夾彎，讓民眾空歡喜一場，也不是一天兩天的事了，但我們還是要再次提醒，還稅於民絕不是假議題，直接發現金更是在財政紀律蕩然無存之際，還納稅人最基本公道！

首先，前（二〇二一）年稅收超徵四千五百億，去（二〇二二）年超徵上看五千億，數字雖耀眼卻不是政府的政績，實徵到的稅額遠超乎預算編列時預期，反而凸顯政府行政失靈，財政紀律淪喪，毫無管理能力的弊病。尤其苛稅猛於虎，讓許多中低收入與小商家族群叫苦連天，甚至為了繳稅還款去借錢，民進黨政府就這麼視若無睹嗎？

左手還錢右手猛借，拿超徵稅收去還債只是障眼法，居然還有官員稱將超徵的錢「平均分給每一個人」，只是圖「皆大歡喜」，應該拿去還債為宜。但我們想想，前（二〇二二）年中央超徵的錢不也拿去還債了，為什麼政府的公共債務卻越還越多？國債鐘還一度飆破二十五萬了，如今每個新生兒一出生就背負二十四萬七千元的債務。既然有心還債，怎麼還一再編列特別預算和連連舉債？

說穿了，「拿超徵稅收去還債」只是障眼法，用來迷惑學者與中產階級、受薪階級。左手還錢，右手卻猛借；特別預算氾濫且常態化，政府債務當然越借越多！新還的一小筆錢不就是拿來做大內宣政績的素材、包裝政府嗎？

政府的錯誤政策卻由全民買單。否則，八千多億前瞻特別預算，甚至防疫振興特別預算，對協助高風險的國人與產業、對振興經濟做了什麼？為什麼需要拿納稅人的血汗錢來貼補？尤其，振興經濟與產業，是政府該做而沒做的工作；挹注台電資源以解決嚴重虧損問題，也是因為政府錯誤的能源政策，或忽略通膨因素而未及時因應所致。官員是不是說清楚講明白，為什麼不是由政府官員自行承受其政策錯誤的後果，而是由全民承擔？

取之於民、用之於民，直接發還現金給民眾，才是基本的分配正義。就此，國外先進國家亦早已行之有年。如今，政府失靈，財政紀律渙散，竟拿民眾墊背，用大家血汗錢當政府小金庫？再次奉勸政府，人民對無知、無為、無能、無感的四無政府早不耐煩了！

美債衝擊 及早部署

美債上限談判持續卡關引發高度關注，因為美國國債如果違約將引發全球風暴，其影響層面也絕對不限於美國或金融市場，恐像海嘯般席捲全世界每個角落。希望向來反應慢半拍，對國內外事務無知、無為、無感的民進黨政府盡快了解、規畫及部署，以免再一次把問題拖延到無可收拾的地步！

單從美國方面來看，美國國債違約，造成的不僅僅是美國經濟蕭條、失業率攀升，其消費能力也會降低，資金成本更會增加。從國際角度而言，全球金融世界以及全球交易都可能發生重大影響。畢竟，美元及美債在全球金融交易市場扮演著舉足輕重的角色。

不可諱言，美元一向是國際貨幣主要幣值，美國公債也常做為借貸擔保及金融交易的避險工具。其原因就是因為長久以來沒有違約紀錄，信用評比也好。一旦美國國債出現違約情況，信用評比就會下降，價值也會下跌；也因此，使用美元計價的投資或交易就會發生未預期的虧損。其他包括用美國國債或美元作為擔保的貸款，都可能因為擔保品價值低落，導致風險增加。

再從貿易角度來看，除了美國交易九成以上是以美元計價外，亞洲地區的交易也約有七成是以美元計價，再加上歐洲交易也有部分以美元計價，因此，當美元評比下滑，其對出口商、出口國與國際貿易造成的風險會有多大！此後，美元還能成為國際間被信賴的貨幣嗎？長此以往，國際貿易究竟要用歐元、人民幣還是加密貨幣交易？

更嚴重的是，全球正值疫後經濟時期，在美國國債還沒有違約的情況下，全球經濟就已經面臨通膨、升息等許許多多的衝擊和挑戰；再加上俄烏戰爭的不利因素，影響天然氣、糧食等必要物資的短缺和物價上漲，林林總總的問題仍有待努力解決之際，如果再來個美債違約，其後果就更加嚴重。

簡言之，美國國債不單是美國的問題，尤其在全球化的大環境下，牽一髮動全身，民進黨與綠色官員們真的要認真和嚴肅看待這個議題；也期待美國政府與國會能盡速解決問題，不要讓已經蒙上陰霾的國際經濟更加嚴峻。

台幣貶值　蔡政府躺平

近期新台幣匯價震盪加劇，今（二〇二三）年七月累計重貶二・九五角，八月份外資仍持續匯出，光這一個半個月就累計貶值高達八角，重挫達二・五二%；相較亞洲地區，只比菲律賓披索的貶值二・六四%好一點。雖然韓圜也貶值二・二九%、日圓貶值〇・六六%、越南盾貶值一・二九%、人民幣貶值〇・五五%，但新台幣以倍數的貶值幅度超越鄰國，就值得我們深思並因應。

何況，第三季適逢股票除權息旺季，外資如將股息匯出並獲利了結，再加上法人透過 ETF 布局海外債市，散戶對海外債券的高利率趨之若鶩，以及出口商因美元可能持續上漲而惜售美元等，而央行之未進場干預將使得新台幣貶幅持續擴大！前些日子大陸央行意外降息，拖累人民幣匯率大跌，新台幣匯率跟著溜滑梯。連央行也坐不住，而一改態度，進場調節，以避免新台幣急速面臨三十二比一美元的關卡。

就此，民進黨政府知道問題出在那裡嗎？又做了什麼嗎？完全看不到。經濟部、國發會、財政部和金管會等相關部會豈不知台積電七月已公開表示：台積電第二季合併營收歸屬母公司稅後淨利季減一二・一七％、年減達二三・三％，也預估今（二〇二三）年美元營收將減少一〇％，而總裁魏哲家也坦言需求將比想像更差。金管會等相關部會也沒注意到外資（含陸資）去年賣超股票的金額超過兆元，近一個半月賣超也已逾一千五百億，顯見對台灣股市並不看好。綠官們除了會說「基本面良好」外，又做了什麼？

其實，匯率的升貶和幣值的強弱，原本就是經濟景氣的反映。如今，民進黨政府在國內外各項數據驗證下，不得不面對現實，承認今（二〇二三）年台灣經濟成長率無法保二％，就應該停止繼續大撒幣和毫無功能的金錢外交，更應該想方設法來促進我們的經濟成長和國際競爭力。遺憾的是，綠營政府依舊置若罔聞。

就拿十五日大陸央行降息一事，連被綠營政府一再批評的共產政權在經濟衰退之際，都會面對問題，利用降息等手段來解決困境。綠官們在面對全球第二大經濟體的經濟表現不佳時，卻只會譏笑和利用「抗中保台」、「和平保台」等虛幻的話術畫餅充飢，對於大陸政府近來認定原 ECFA 早收清單中聚碳酸酯原料傾銷而將課徵反傾銷稅也無法協助民間因應。只是期待民間能像過往釋迦等水果的禁銷大陸一樣，自己解決？

謊言總有被戳破的一日，真相也始終會浮出水面。如今，人民對於綠營政府及綠官們已無期待，只希望綠色政權別再製造問題或增加台海危機就謝天謝地了！

L型社會的悲歌

年輕人的苦，政府了解嗎？

國人遭誘騙赴柬埔寨工作被虐、被摘器官事件，至今仍有三百多人未返台。驚魂未甫之際，台灣也爆發六十一位年輕人因求職遭暴力毆打、存款簿被扣，並拘禁凌虐強逼他們當人頭帳戶。這些年輕人遭手銬、腳鐐銬住，囚禁在五坪大小的房間內，據悉每天只能吃一餐泡麵，若不聽話就被虐打，導致三名被害者因而死亡並遭棄屍荒野。

除了這種慘不忍睹治安敗壞的案件外，自詡擁有「進步價值」而受年輕人支持的蘇內閣，始終無法解決青年的就業與居住問題。

年輕人迄今仍面臨「買不起」或「租不到」房的困境。蘇內閣誇稱撥款三百億提供房租補貼，但房東為了避免政府查帳，不願意房客申請，而難以落實。即便房東同意房客申請租金補貼，也只能緩解房客些許經濟負擔，而仍無法徹底解決民眾居大不易的問題，遑論伸張「居住正義」！

也難怪涉世未深的民眾一看到有好的工作機會，就會想碰碰運氣、趁機翻身。但螳螂捕蟬，黃雀在後，詐騙集團就是看準了這個心態，加以誘騙。儘管蘇揆說台灣不是柬埔寨，還說台灣沒有治安假期等等，而行政院七月也頒布「新世代打擊詐欺策略行動綱領」，成立「打詐國家隊」，聲稱全面強化犯罪偵防。但治安現狀卻打臉民進黨政府，真是莫大的諷刺！

年輕人之所以受騙上當，說到底還是為了生活。蔡英文總統當初以八百一十七萬票數連任總統，不就是獲得年輕人的支持？而年輕人又是國家的未來希望，所以於公於私都應該好好照顧年輕人並推出有效的青年政策。可惜，所用非人，執政多年來，基本工資雖然每年調漲，年輕人的薪資卻未跟著水漲船高。年輕人依舊每天苦哈哈的過日子，也只能當個月光族？或當個啃老族？

好笑的是，主計總處近期公布的數據，竟然是未滿三十歲的平均年所得為五十一萬九千八百元，換算平均月入為四萬三千三百元。當親綠媒體大剌剌的公佈該信息後，不但未能獲得年輕人的讚揚，反倒是到處充滿質疑聲，想知道究竟誰有拿到那麼高的薪水？

一時之間，不但看不到四面八方的歡呼，反倒是哀嚎片野，對拉低所得致歉。

也難怪這個新聞，就像流星般一閃就過，政府官員也停止炫耀誇口，倒成了百姓茶餘飯後相互揶揄的話梗。

換個方向來看，如果年輕人的薪資真像主計總處公佈般的高漲，年輕人有必要離鄉背井，遠赴柬埔寨工作嗎？如果年輕人工作真的有那麼好，詐騙集團開出的薪資酬勞，會讓年輕人趨之若鶩，前仆後繼的去應徵嗎？

想當然耳，年輕人一定是不滿意現在的低薪，看到稍微好一點的工作機會，就願意放棄現有的一切，奔赴新目的。但就是這樣的心態，反而讓年輕人落入了詐騙集團的陷阱。

面對如此兇殘的犯罪手法，生活在治安日益敗壞的環境中，我們原本不想多談。但是看到政府麻木不仁，每天日思夜想的祗有大內外宣和勝選，時時刻刻宣傳的都是背離現實的美化數字，我們不得不大聲疾呼，以喚醒裝睡的綠營官員。畢竟，對失職官員的仁慈，即是對無辜人民的殘忍。如果這樣傷亡慘重的事件，政府還是拈輕怕重，或是避實就虛，又如何期待傷痛過後會嚴格執法、亡羊補牢？

綠營政府如果不能面對現實，還持續裝睡不醒，那跟詐騙集團也沒有不同。老百姓也只能用選票把這個無知、無為、無能、無感的四無政府趕下台了！

政府無能任由台灣貧富差距擴大？

通膨來襲，萬物齊漲，薪水越變越薄，反映出來的現實就是人民實質薪資倒退，痛苦指數一路提升。民眾實際感受經濟很差，政府的大內宣卻一再洗腦民眾，誤導民眾經濟或生活依舊很好，以及通膨危機無足輕重。物價飆升、民眾荷包縮水是不爭的事實，官員對人民痛苦無感無為，最後苦果還是由人民獨力承擔！

尤其值得檢討的是，K 型經濟發威，產業強者越強、弱者越弱，薪資所得也是富者越富、貧者越貧。換言之，生活痛苦指數對薪資偏低族群殺傷力更大。從主計總處發布二〇二一年家庭收支調查的數據來看，全國最高二十％家庭與最低二十％家庭的可支配所得差距增為六．一五倍，創十年新高。換言之，貧富差距問題正在醞釀中。

結果，薪資上漲的好處與經濟成長的紅利，大多被少數高所得族群拿去，反倒是外食族、打工族、中產階級的生活境況越來越差，物價大漲，蛋貴了、肉貴了、菜也貴了！購買力一路看跌，默默承受的不還是薪水變薄的百姓嗎？

事實上，通膨蠢動引發的日常生活支出暴漲，對人民來說早已不是新聞，七月消費者物價指數（CPI）年增率三・三六％依舊在高點；加上外食費、肉類、蛋類、油料費、房租及家庭用品價格同步上漲，外食族叫苦連天，常在市場消費的婆婆媽媽們更是怨聲載道。別忘了，七月份開始，部分電費調漲壓力還沒有轉移到消費者端。

但這些問題，似乎只有位居高位的官員們聽不見。加上疫情肆虐依舊，店家一間間歇業，市面冷清，聽到政府還罔顧事實，狂讚經濟表現亮眼、物價控制得宜，還說「台灣沒有通膨問題」。主計總處居然還稱全體受僱員工總薪資平均高達六萬二千七百三十六元，而令人有「不知今夕是何夕」之感。

殊不知，外貿數據再好，也無法掩飾通膨已損及庶民生活的溫飽問題。年輕族群無緣無故就變窮，薪水往往月中就見底了，連想填飽肚子都難，到處可見「月光族」的悲鳴，尤其以食物類暴漲最嚴重。光以蛋價為例，從去年開始狂漲，產能不足，雞蛋價格一飛衝天，一月每台斤價格新台幣四十四元，到七月每台斤已漲到五十二元，去年同期價格僅三十二・三五元，漲幅高達六八％！

尤其，缺蛋危機頻傳，農委會一而再、再而三地狂開空頭支票，都說即將好轉，還辯稱不缺蛋只是需求量大增；但撐不住蛋價還是猛漲，根本不見回穩啊！先是以清明節前雞蛋供應將回穩塘塞；六月底又說雞蛋漲價空間不大；接著再說八月缺蛋問題可望好轉，怎麼現在還是一副不受控的樣子？蛋商到七月中下旬還一再表示「缺蛋缺很大」？

政府可以因應調節的時間這麼長，農委會到底做了些甚麼有效措施？還是祇知道擺爛，束手無策？蛋價一波波漲、物價一波波跟著漲，就算有朝一日真的蛋價回穩了，物價能夠調回來嗎？

總而言之，唯有官員正視問題嚴重性，前瞻提出因應方案才是問題的良解，而不是扭曲統計數據背後代表的意義，作為大內宣題材。

就以薪資為例，到現在官員還想繼續罔顧現實，編織一些平均薪資持續上漲的數據與說法企圖糊弄民眾嗎？沒有知識也該有常識，薪資名目成長、虛胖，實質薪資下滑、倒退嚕，不正因為通膨作祟加上薪資水準原地踏步嗎？政府除了知道預算大筆大筆的編、錢大筆大筆的花外，究竟做了什麼？薪資成長牛步化有辦法解決嗎？無為無能的官員好歹做做事、想想辦法，別再報喜不報憂了吧！

把年輕人推到柬埔寨的，不就是政府嗎？

許多年輕人遭人蛇集團以高薪、福利誘騙至柬埔寨工作，卻慘遭凌虐、剝削或勒贖的案件層出不窮，讓全民膽戰心驚。但把年輕人推到柬埔寨的，不就是政府本身嗎？如果可以在自己的家鄉安居樂業，誰要遠赴他鄉、異地打拚？主計總處不是公布今年一至五月全體受僱員工「總薪資平均六萬二千七百三十六元」？真拿得到這個薪水，哪個年輕人想出國大冒險？

真相是，台灣長期以來「低薪、高房價、高物價」的環境，已經讓年輕人看不到未來！過去最起碼還可以當個北漂族，但現在整體就業環境惡化，只好改到海外賭一把。年輕人爭相奔赴柬埔寨謀生、想發財，不正戳破了民進黨政府「國王的新衣」嗎？

難以置信的是，政府部門面對危機的躺平態度。相關訊息早在年初就陸續爆發，不論網紅拍片示警，或民眾請求跨海馳援，還是網上抱怨等，在在警示政府人口販運及詐騙情形嚴重。一再提醒和請願的結果竟是外交部斥責假消息，及要民眾「勿以訛傳訛」！

問題不斷擴大並鬧上媒體，血腥暴力影片網上瘋傳，如炸鍋般爆發，甚至媒體驚爆逾四千台人在柬埔寨失蹤後，才換來官方慢條斯理地澄清「僅一百二十人未聯繫上」？而政府部門的因應居然是發動警察到機場舉牌警告？交涉、救援及其他都由民間自行處理，高高在上的官員只是兩手一攤，以與柬埔寨或其他東南亞國家並無邦交為出推託。也難怪民眾深刻體會，到底要這個政府有甚麼用呢？

悲劇本可提早預防，減少國人生命財產安全遭受侵害，問題就是卡在政府部門有無作為？行政院每六個月起碼要召開一次「防治人口販運及消除種族歧視協調會報」，必要時還得召開臨時會議，有沒有針對柬埔寨問題進行跨部門討論，進行預防、勸阻、救援、究責等相關工作？

既有機制不用，直到輿論沸騰，行政院就以此為由要另外花人民一億兩千八百萬元成立專案小組。如果成立小組就能解決問題，為什麼過去不做？不是說沒有邦交礙難協助嗎？成立專案小組邦交問題就解決了嗎？人就可以救出來了嗎？民進黨政府除了知道花錢，還知道什麼？解決不了問題，就想解決提出問題的人嗎？網紅示警的問題不聞不問，毫無下文，還以假消息看待，這種無知、無為、無能、無感的四無政府，我們還要繼續縱容嗎？

其實，單就此事件就可以看出，整個民進黨政府，部門間各自為政，縱向和橫向聯繫都出了問題；導致政策上的系統失靈。加上政治上總是「報喜不報憂」，事情發生好幾個月，內政部數百則新聞發布中，唯一提到訊息居然是「臺灣防治人口販運連十三年第一級，成效獲國際肯定」。

更難堪的是，這個冷血、麻痺不仁的政府，解決不了問題後，竟想透過輿論把將赴柬埔寨的年輕人導向為貪婪、活該。但試問，如果可以在自己的家鄉安居樂業，誰要遠赴他鄉異地打拚？

以前，台灣南部年輕人赴北部打拚，就是因為北部工作機會比較多。現在官員正事不做，只知逢迎拍馬，對於民怨更不屑一顧，凡事政治掛帥，以致環境愈來愈糟。過往還可以北漂，現在只能飄洋過海工作，「人往高處走，水往低處流」，不就是市場法則嗎？民進黨政府和官員們的心中還有人民嗎？從來也不想想，什麼原因讓台灣變得這麼糟，造成年輕人需要賭一把出走到海外一搏？

事到如今，民進黨政府還看不到橫在年輕人眼前的，就是房價高不可攀，看不到未來？所以很多人選擇躺平。官員也看不到現在遭逢快速上漲的物價、通膨以及不動如山的低薪？不知一切政治掛帥的結果讓年輕人連躺平族都當不起了？不知道長期忽略基礎建設，凡事選舉考量，就是把人民推向貧窮動亂的深淵嗎？

看看民進黨政府的所作所為，絲毫無視專業，滿朝盡是夫妻、兄弟姊妹檔；也不顧政府債務惡化趨勢，只知大撒幣、揮霍預算。更糟的是，為掩蓋執政無能的弊病，一再撕裂族群，繼續「抗中保台」把戲，升高兩岸衝突，消耗兩岸和平紅利，以製造兩岸危機模糊焦點，絲毫不顧對岸為我國第一大出口市場，占整體出口比重高達四二・三％的政治與產業現實。留下的爛攤子不還是全民共同承擔、收拾嗎？

難怪人民忍無可忍，而不禁要問，把人民推入火坑的，不就是民進黨政府嗎？

絢麗國慶煙火　照不亮城市陰暗角落

高雄鹽埕昔日地標城中城驚傳大火，燒得怵目驚心。這棟看似半廢棄的大樓，離愛河、離碼頭都不遠，甚至不到兩公里，就是前幾天炫爛奪目的國慶煙花施放地點。一個高雄、兩個世界。炫目的國慶煙火照不亮城市陰暗角落。反倒是一場無情火，燒出城市治理漏洞，燒出社會底層的悲慘故事。

對比幾天前，絢爛的煙火映照著官員自得意滿的臉龐，如此火樹銀花，傾全國之力，窮極奢華之能事，把大筆公帑揮霍在煙火式施政之上；他們是如此顧盼自雄，向市民們誇耀著煙火的奪目，誇耀民進黨在高雄這座光榮城市二十多年的執政，誇耀高雄愈來愈美、愈來愈不一樣。

反觀這場咫尺之外的惡火，波及的是這座屋齡四十年的住商混合建築，受苦受難的大多是社會底層的住戶。高空煙火多燦爛，底層庶民的日常生活就有多卑微、多麼的悲哀。

過去的城中城曾是台灣錢淹腳目年代的產物，曾是高雄最繁華的大樓；也隨著城市的黯淡、商圈的沒落而沒落。如今的城中城，年久失修，管理不善，陰暗破舊，淪為治安與公安死角，走廊總充滿不舒服的氣味，電梯壞了沒錢維修。在這蝸居之中，更住著許多清寒的低收入戶，行動不便的獨居長者，甚至遊民散居。

陌生的房子、陌生的地址，這城市一角注定要被政府遺忘，更不能被公眾想到、看到。但代價就是，才剛過完重陽節，一輛輛救護車送走一位位弱勢的長輩，有民眾在現場跪地痛哭、有人著急找不到父母，怎麼不讓人鼻酸？

原來，焚膏繼晷的繁華外表下，這依舊是那座沉痾無可自拔的城市、無從更新的城市，那座公共安全吹彈可破的城市。陳其邁與民進黨贏了罷免、贏了補選，但這還是那座都市更新爬得比蝸牛還慢的高雄、步步驚心的高雄。

城中城的公安問題不是今天才出現，消防設施不是今天才沒有，都更出問題也不是今天才發生，大樓閒置樓層無人聞問更不是單一事件。那過去二十年，民進黨與市政府做了甚麼？當地接連發生公安意外與事故，市府除了開罰又做了甚麼？為何讓城中城淪為城市破窗？

政府單位貼公告要求消防檢查、要求限期改善，就算盡了公安把關責任了嗎？有欄柵阻擋，就不必消防安檢了嗎？社區沒有管委會，市府對公安就沒有要求了嗎？再多理由，都只是為高雄市府長期的怠惰推諉、消極施政找藉口罷了。

過去，學生畢業旅行翻船造成死傷，教育部長下台；學校禮堂倒塌，教育部長下台。衛爾康餐廳大火，市長被彈劾、停職半年。但是高雄城中城大火，除了幾句道歉，有看到市府究責嗎？有看到自我檢討嗎？

行政部門的怠惰與放任，造成民眾生活在危險的環境中，公安風險一級一級惡化；政府不作為，有政府等於沒政府，甚至有政府還做得更糟。今天公祭、明天忘記，這公平嗎？

新冠疫情死了八百多人拔不了一個官，要不到一份開會紀錄；大火燒死四十幾條人命，鞠兩個躬就可免責，還有一四五〇啦啦隊沿途打氣，立委、監察院跟著打掩護。這就是我們的是非？我們的民主嗎？

缺蛋的老實樹倒了　物價通膨呢？

就在不久前，行政院副院長鄭文燦還笑容滿面、志得意滿的陪著農委會主委陳吉仲，站在超商滿滿的蛋架前，幫忙背書供蛋無缺，彷彿「蛋荒」是件假消息、假新聞；而行政院長陳建仁更是在立法院擔保陳吉仲可以很快解決蛋荒問題。

只是，不論陳建仁或是鄭文燦恐怕都沒料到，陳吉仲終於撐不住，老實樹這麼快就倒了，還兩手一攤，坦言雞蛋從產銷到通路都有問題，國內雞蛋生產嚴重不足，缺蛋不只今年，「明年也可能面臨」。

覺得傻眼的，應該不只陳建仁和鄭文燦，缺蛋問題拖了快兩年。陳吉仲不僅一次次迴避，還說「問題就快解決」；綠營政府也一次次背書，還透過媒體散播「超市滿滿供蛋」的影片。即便民眾抱怨不斷，立委們砲轟漣連，陳建仁也依舊不顧事實，力挺陳吉仲，還公開表示會履行解決缺蛋的承諾，讓民眾誤以為四、五月就可解決蛋荒。但紙終究包不住火，如今陳吉仲總算知道隱匿已經到了極限，再也無法掩飾了，只能表態「缺蛋」問題無法解決，而直接打臉正副閣揆，不知道陳建仁或鄭文燦現做何感想？

尤其陳吉仲一路走來，每次都是只談問題不談解方，全力帶風向，用一個似是而非的說法遮掩另一個謊言；既不尊重市場機制，還真以為耍嘴皮就能蒙混過關；也因此，一而再、再而三的推托，更延誤解決問題的大好時機。結果，預算編了也花了，連「雞蛋國家隊」都成立了，「蛋荒」解決了嗎？也難怪他去年當我在國會質詢「蛋價」居高不下之時，居然說出「只承諾解決蛋荒，沒說解決蛋價」的超級官話！

民眾在綠色官員們不斷地保證、空頭支票又不斷地跳票下生存，導致問題越拖越嚴重，痛苦指數也愈來愈高。尤其，看到官員們僚氣沖天，把跳票當生活日常，又毫無行政效率要求，各種問題只知撒錢掩蓋，搞到地雷連連，各項問題隨時可能引爆。這種明顯失職又不必負責的態度，只能說，民進黨的官實在太好當了！

其實蛋荒蔓延兩年，實在很難想像，官員們的說詞始終脫離不了天氣太冷、太熱，或是禽流感、船運成本，甚至俄烏戰爭衝擊原物料及飼料成本等理由。問題是，同樣的藉口已快二年卻搞不定是什麼狀況？官員到底是不知道問題？還是沒能力解決問題？說穿了，有這種以唬弄全民為樂的官員們，也難怪缺蛋這麼久，問題也只是愈演愈烈！

民進黨到底知不知道，別說人人有蛋吃辦不到了，產銷調控失靈所及，單是三月份雞蛋價格就月增一七・七五％、年增率更跳至二六・五二％？現在搞到連很多星級飯店早餐都不供應荷包蛋或白煮蛋，最多用炒蛋勉強上菜。更搞得中式早餐漲過一輪後，連西式早餐也跟漲。

高高在上的官員們，知不知道民眾除了排口罩、排快篩，連買雞蛋都要排隊？很多人還趕在上班前排隊才能買到雞蛋？甚至不少賣場，蛋一上架立馬被搶購一空？況且，進口國外雞蛋的關稅和運費不還是用人民辛苦的納稅錢，全民買單？此外，因為蛋荒延燒，CPI連十七個月雙位數走揚；連帶食品一件一件漲起來，每天一起床的感覺就是漲漲漲，外食費漲幅也隨之擴大。導致上班族與學生等市井小民受創嚴重！

現在可好，雞排從前年一路由一客八十元狂漲到一百二十元，現在連豬肉也快比牛肉貴了。簡單地說，三月份十七項重要民生物資CPI年漲幅更是突破六％，食物類漲幅四・八六％，肉類價格亦上漲五・七五％。

台灣什麼都缺，但綠官們位置還是坐的穩穩的，既不當回事，也不想解決。綠色官員們和一般民眾似乎活在不同的宇宙世界，也難怪對物價感受落差極大！

真虧主計總處還想拿三月消費者物價指數（CPI）年增率二・三五％當藉口。如果通膨不是問題、也沒有物價高漲的問題，央行又何必冒著打擊經濟發展的風險提升利率？升息不就是害怕通膨引發物價連鎖反應，所以逼著央行提前拆彈？也不知道四月確定漲電價，轉嫁效應飆起來，老百姓荷包又要縮水了嗎？

為什麼「說實話、做實事」對於綠色官員們竟然這麼困難？也不懂主計總處做為國家財政的大掌櫃，只知粉飾太平，也總不肯如實反映現實，以提醒政府各部會盡早妥善因應？究竟要到什麼時候才能良心發現，誠實面對人民，而不再掩飾真相、遲誤問題解決的時機？

陳吉仲尸位素餐

大陸因水產品註冊登記問題，暫停台灣魷魚、秋刀魚、午仔魚等輸入，嚴重衝擊業者生計。但這幾年，農委會對相關問題根本束手無策，沒有預警、沒有應變，也沒有補救，只知拿仇中、反中當盾牌。

釋迦被禁，說不排除向 WTO 申訴；蓮霧被禁，也說不排除向 WTO 申訴；石斑魚被禁，還是說不排除向 WTO 申訴。現在輪到水產品，農委會依舊說不排除向 WTO 申訴。試問，這麼多事情需要向 WTO 申訴，農委會到底提出了幾件？透過 WTO 爭端解決機制解決了幾件？還是根本沒依循 WTO 機制辦理？只是拿 WTO 申訴當幌子？

說穿了，陳吉仲的本事也就這麼點大。不就是在第一時間指責中國大陸；然後花大錢補貼，宣稱是「確保業者生計、收入」；最後，再用大內宣洗腦，對人民大打認知戰，畫個「擴展其他國家市場」的大餅。事實驗證這些都只是打高空，拖延時間的結果只是讓國人錯失因應先機。這種能拖就拖，以及利用一四五〇搖旗吶喊、側翼護航洗腦，終究抵不過現實，並導致國內廠商及經濟發展重創！

真不知道官員遇事如此怠惰推諉，還需要這樣的政府做什麼？業者說得好，大陸宣布禁止輸出龍膽石斑，農委會就推出「班班有石斑」應急，由於毫無全盤規畫推演，結果很快就跳票。如今大陸再出招，農委會難道要再來搞一次「班班有午仔魚」？

官員雖宣稱是遭到對岸突襲，還說「中國做事經常這樣」，但事實上，農委會明知大陸新規定早在今（二〇二三）年一月一日生效，這幾個月下來，農委會到底做了什麼？有無規畫因應或輔導業者妥善處理？說穿了，農委會主委陳吉仲這幾個月不就是全台輔選，大跑選舉行程；以致於對大陸新政策及產業需求未深入研究，更沒有應變方案。

這種怠惰、沒有章法、欠缺效率，而只知道口頭「嚴正抗議」，卻無能解決問題、也沒把業者與漁民困境放在心裡的政府和官員還有存在的必要嗎？

如此擺爛，出了事就推給大陸，問題來了就丟給民眾解決，有不同意見就訴諸寒蟬效應，也不處理兩岸互動的政府，是不是沒有較好？

我們也同意「雞蛋不能放在同一個籃子裡」，但分散風險的措施，政府做了什麼嗎？與其讓這種官員繼續坐領高薪、延誤時機，是不是早日罷黜較好？

石斑遭禁 高官除了反中就只能躺平？

前一陣子，中國大陸公佈禁止台灣石斑輸入，民間譁然，業者狂呼噩夢成真。反觀平時只知道躺平、高高在上的官員們，依舊不學無術，以不變應萬變。祇知高喊大陸「養套殺」，繼續狂打反中牌，為自己的無為、失職卸責；透過大內外宣掩飾缺失、顛倒是非；最後再畫大餅，喊補助大撒錢，試圖灑錢封口。如不意外，緊跟著通常還有道德綁架式的大內銷。

這套制式反應的劇本，從鳳梨、鳳梨釋迦、蓮霧等連續幾年下來，每當農漁產品遭禁，農委會就要表演一次，像極了程咬金的三板斧。但問題依舊，民進黨政府根本束手無策，就連狀告世界貿易組織（WTO），再怎麼喊得大聲，也毫無進展，民眾對這種祇吹牛不做為的行政風格厭膩極了！

說穿了，民進黨這麼喜歡打抗中牌、反中牌，難道沒預期大陸會反制嗎？鳳梨出了問題，其他農漁產品就能高枕無憂？政府對於危機的超前部署在哪裡？分散風險的規劃做了嗎？如果真有部署，我國外銷石斑魚至中國大陸占比會在民進黨執政時期從七成不到一舉突破九成嗎？

換言之，民進黨政府根本既不專業又無心政務，只求民意不要反彈，不願正視問題所在，期盼畫畫大餅、喊喊口號就過關，順道再做一波政治收割。但最後不還是基層農漁民遭殃，讓慘賠的業者自行承擔嗎？

最離譜的是，外交部長吳釗燮又逾越職權開嗆，聲稱「想跟中國大陸自由對等的做生意只會失敗」。但石斑魚明明是列在 ECFA 早收清單裡，為兩岸和平紅利的一部分，過去民進黨全面反對 ECFA 也就算了；怎麼吃人家的嘴軟，現在反過來拿早收清單出來，痛批對岸不給優惠？天天喊反中，還又要人非買不可？這種把人家的讓利當成理所當然的方式在國際間能取得公信力或說服力嗎？

況且，吳釗燮是不是忘了，新南向政策的成敗與外交部的本職才真是息息相關！政府明明砸了大錢，結果新南向政策除了大內宣之外迄今卻毫無進展，其無效率的狀況跟吳釗燮任內屢次斷交的成績堪可相比。

反倒從政府統計數據更可知道，民進黨執政後，雖然老是高喊「雞蛋不要放在同一個籃子裡」，但二〇二一年台灣對中國大陸出口佔比四二・三％，居各市場之冠，規模一八八九億美元更是新高。亦即我們對大陸貿易依存度不減反增，依賴越來越嚴重！吳釗燮還在這時候拉高兩岸對立，是故意挑釁好讓對岸多個藉口擴大制裁嗎？傷口不修補還持續撕裂，對全台民眾有任何幫助嗎？

農委會主委陳吉仲荒腔走板的程度也不遑多讓，還稱對岸係利用他確診居家照護的期間突襲。只是，今年一月份時大陸即對兩家業者祭出禁令，政府有正視這項警訊嗎？雙方即便有爭端，不知道兩岸有協議機制存在嗎？政府是不溝通？還是始終政治掛帥，假裝忘了，讓溝通機制繼續束之高閣？況且民進黨政府狀告 WTO 的殺手鐧管用嗎？還只是虛晃一招用來騙騙百姓？

雖然農委會說得好聽，立場硬到不行，網軍出征也無往不利，動輒修理對岸，但到底解決了什麼問題？內閣高官們除了會打口水戰、灑幣大內宣，碰到外銷卡關，只知道砸錢救市外，究竟做了什麼？不就是拿些需要時間檢驗的老生常談來搪塞爭議，繼而用老百姓辛苦的納稅錢挖東牆補西牆，用高額公帑補貼出口嗎？鳳梨、釋迦、蓮霧不也都是如此嗎？

簡言之，政府刻意揮舞抗中大旗，對外宣稱與美日關係好到不行，但事實上，加入 RCEP、CPTPP 等國際經濟組織的藍圖俱成泡影，根本無力開拓國際市場，農漁業當然更談不上發大財的願景。

結果，民進黨政府寥寥無幾的步數早被人看穿，但官員依舊不做實事，不循正道解決爭端，只知道放話、操弄民粹；又過度集中單一市場，治標不治本，放任百姓自生自滅；導致大陸一旦不再讓利，農漁民權益和生計就隨之遭殃。

拜託民進黨政府不要再為了自身的利益操作政治。兩岸合則兩利，需要的是良性互動，和平交流，透過協商機制，制度化解決爭議，以避免因政治分歧損及人民權益。至於如何避免一連串農漁產品爭議的骨牌效應繼續發酵，坐領高薪的官員們就拜託動動大腦，做些實事，幫幫苦難的百姓吧！

四箭齊發　苦日子成了生活日常

看到民進黨政府一再用大內宣與扭曲的數據誤導全民，佯稱經濟絕佳表現，營造經濟盛況，實在讓人沮喪。

這幾年來，除了低薪問題無解外，從雞蛋、雞排、豬排，到速食店、便當店、鍋貼、泡沫紅茶，萬物齊漲、居高不下，且通膨問題嚴重。甚至已經到台經院都要呼籲民眾習慣高物價，以及「不要期待通膨會下來」。通膨、物價、房價、低薪，四箭齊中，也只有不食肉糜的官員對翻騰的民怨完全無感，還一直吹捧自己的政績好棒棒！

以蛋荒為例，問題悶燒一年多，民意也一再反映買不到蛋，但農委會主委陳吉仲依舊無為無感，除了耍皮且一副「你想怎麼樣」的態度外，竟還不斷透過大內宣混淆視聽，更拉著行政院副院長鄭文燦站在滿出來的賣場蛋架前，信口雌黃說不缺蛋。更糟的是，除了蛋蛋危機外，雞肉供應也拉警報。

再以薪資為例，官員一嘴漂亮數值，說去年全年每月經常性薪資四萬四千四百一十七元，年增二・八％，好像薪資收入越拉越高；甚至不斷宣傳提高基本工資的「德政」。殊不知，只要算上通膨衝擊，實質經常性薪資一下就掉到四萬一千三百五十七元，年減〇・一五％，還是連二年負成長！

事實證明，加薪假象趕不上通膨暴增的情形持續惡化，全民的薪水也越來越薄，庶民「體感經濟」已然步入寒冬了！

早在兩年前，我就提醒綠色官員們國際經濟看壞，通膨危機浮現。但朱澤民主計長就是置之不理，還咬死台灣沒有通膨問題，也沒有物價問題！結果，甚麼規劃或因應措施都沒做，也導致問題像失速列車般失控！

更別提青年就業問題早已成為國安問題！就業不易薪水低，只好不斷地打工、兼差；加上六都居大不易，房租漲幅又創近二十六年半新高，年輕族群遭相對剝削狀況越來越嚴重。難怪對未來不抱希望的民眾，會遭拐騙、轉賣到柬埔寨等地，淪為豬仔案件層出不窮，跟民進黨大力吹噓的大內宣場景還真是迥然不同！

人民的感覺向來準確，拜託民進黨政府面對現實，就別再吹噓經濟好棒棒了！前財長無意間透露接下來經濟恐怕「慘烈過金融海嘯時期」的預警才是「人間真實」

吧！也拜託官員別再把精力放在大內宣、帶風向；簡單數一數，薪資負成長問題、通膨問題、產業六缺問題、經濟蕭條問題，國家如此多舛，就做些實事吧！

央行升息傳遞通膨上漲的省思

依據財政部關務署資料顯示，今（二〇二三）年二月出口已連六月衰退，國發會發佈的景氣燈號也持續亮藍燈；而央行在過去四十年，央行更從未在出口連續衰退期間調升利率。然則央行卻在今年三月二十三日理事會後公告再度升息；究其所以無非因國內物價漲幅持續居高，為降低通膨壓力及穩定物價所致。

祇是，這兩年來我們一再提醒主計總處及財經部門通膨及物價危機，綠色官員們始終不予理會，主計總處還堅稱絕對沒有通膨。如今錯失因應時機，更造成一波波的物價上揚，也讓人民承受苦果。這種政府真的不要也罷！

尤其，如今美國矽谷銀行等中小型銀行持續爆發危機，加上全球知名的瑞士信貸銀行等問題，眼見金融風暴逐漸擴散之際，央行仍舊宣佈升息半碼，足見通膨壓力嚴峻，讓央行不得不升息。

以央行點出的電價上漲及禽流感推升食物類價格兩項原因為例，這不就是我們一而再、再而三提醒綠營政府應該注意的事情，但言者諄諄，聽者藐藐。就是綠色官員們這種怠惰和敷衍的態度，延誤了因應的時機，也造成損害擴大。

令人難以置信的是，經濟部竟然不思檢討錯誤的能源政策，以降低發電成本，反而在日前召開電價費率審議會，拍板四月至九月調漲電價，平均漲幅達十一％。殊不知電價調漲，生產製造或是商辦、超市及部分餐飲業等服務業者的成本都會跟著上漲，也終會反映在服務及最終產品銷售，而再次帶動物價上漲。

民進黨政府不是說台灣不缺電？不是保證電價不會漲嗎？如今驗證這些全是空口說白話的不負責任話術。就以台電為例，其預估去（二〇二二）年及今（二〇二三）年這兩年累積虧損將超過五千億，民進黨政府除了在二〇二三年預算中編列一千五百億給台電外，又在這次普發現金六千元的特別預算中提撥五百億給台電。這些彌補台電虧損的錢不都是全民的納稅錢？

至於蛋荒和蛋價等問題，我們早在一年多前就提醒農委會了，但是農委會就是不理，導致問題加重、損害擴大。陳吉仲的禽流感和氣溫等藉口和一年前如出一轍；就連透過雞蛋進口紓解也雷同。就以去（二〇二二）年為例，農委會就動用了第二預備金二億五千五百萬「緊急進口雞蛋」。這種置民生需求於不顧，祇知花錢大撒幣、虛華不實的官員，豈是人民之福？

綠色官員們如果有一絲一毫為民服務的心，就不該放任問題擴大，也不該用大撒幣或是「祇管蛋荒、不負責蛋價」等來搪塞敷衍。何況，同樣的問題既然一年多還無法解決，就下台吧！不要罔顧事實謊稱全球都缺蛋、全球蛋價都很貴。果真如此，那個國家還出口雞蛋給你？

雖然各國的央行們，或許是受到去年諾貝爾經濟獎主-柏南克談美國聯準會的影響，知道尼克森總統任命的柏恩思主席，因怕經濟衰退、失業增加，採用利率時升時降的手法，以致始終無法解決通膨。其後的伏克爾主席，則不惜重創經濟、扼殺市場、讓失業走高，而將聯邦基準利率升到二十％抑制通貨膨脹，成功壓下通膨，也奠定美國隨後數十年的強勁穩定成長。伏克爾就曾指出央行是掌控通膨的「獨家專門戶（the only game in town）」，或許這就是各國在面對通膨控制不住時，央行都不得不透過升息來抑制通膨。但是行政單位至少該做好橫向溝通，也不該掩飾事實真相、誤導民眾或拖延時間吧！

面對嚴峻的通膨情勢，特別是蛋價及電價的大漲，希望民進黨政府認清事態的發展，不要再虛與委蛇，重新思考我們的能源政策，農業政策及抑制通膨持續的政策，拜託至少負責一次，就別再加深百姓的苦難了！

電價飆漲　慎防通膨噩夢來襲

經濟部公布電價漲幅方案，電價平均漲幅八・四％，高壓及特高壓的產業用電大戶甚至調漲一五％，讓人觸目驚心。雖然，看似小店家與一般民生用電暫時不漲，但經濟是連動的，即便這波只漲到上游高耗能的基礎工業，但電價一漲，各行各業營運成本隨之提升，不但影響產業獲利，更讓人憂心物價也將隨之連動上漲，更加重日趨嚴重的通膨問題。這些問題，政府想到了嗎？知道如何因應嗎？

一如台北捷運擔心不堪電費暴漲，已拋出「捷運票價跟漲」的政策氣球，可以想見接下來不但交通費漲、外食費漲、房租及民生用品等也都隨之漲漲漲，只有薪水不漲，百姓的食衣住行還撐得住嗎？高官不食人間煙火，叫老百姓如何生存？

當政府還沉迷在平均薪資或經濟成長率的文字遊戲中，人民的痛苦指數已經節節攀升，五月份人民痛苦指數已經破七，創了新高！尤其疫情衝擊民生經濟，俄烏戰事方興未艾，國際能源與糧食價格飆漲；更讓外界憂心國際高通膨、高物價時代來臨！偏偏經濟部此時貿然提出調漲電價方案，絲毫沒有顧及可能衝擊。政府到底有沒有依據實際數據做好分析？何以心中祇有台電、沒有人民？難道只因台電虧損就說漲就漲？見樹不見林，造成後果由全民承擔？

殊不知，民眾的感受是全球通膨、萬物齊漲，加上央行升息致房租、房貸隨之墊高的生活壓力？難道不知道無薪假、失業風險將隨電價調漲攀升？也不知道電費再漲將進一步助長物價上揚？更不知道值此物價猛漲的時代，偏祇有薪水不漲？官員視若無睹是什麼狀況？究竟受薪階級、升斗小民該怎麼辦？高高在上的官員們沒看到學者預估 CPI 未來將破四 % 嗎？政府官員到底懂不懂？管不管？

尤其，國家要安全穩定，最重要的不是照顧有錢人，而是關注受薪的中產階級並確保其生活安定。如今的問題是薪水越變越薄，實質薪資倒退，中產階級的生活困苦，體感經濟邁入寒冬期，政府竟仍視若無堵！

況且如今疫情嚴重、百業蕭條，產業界與服務業都殷切期盼有無政策紓困的時刻，但政府有無務實完成各項衝擊影響評估？還只是大筆一批，就放手讓電價調漲？萬一製造業與傳統產業因電價飆漲無法承受、甚至出走，進而導致經濟衰退，到時停滯性通膨的問題會更加嚴重！

說穿了，電價高漲就是民進黨錯誤的能源政策所造成，理應由錯誤政策製造者擔負，而不應由全民承擔！此時調整電價是否適當更應該謹慎考慮！

特別是近年來，隨著台積電等半導體業者擴廠或擴充套件需求，用電自然增加。對於國際社會及在野黨一再提醒台灣的電力供應如此脆弱，民進黨政府始終不願意面對缺電的現實，祇想用大內宣混淆視聽。導致如今缺口擴大致難以收拾的後果。加上民進黨執政荒腔走板，行政效能低落，遇事只會大玩文字遊戲，漫不經心，推託卸責，無為無感，幾乎把廠商逼到無路可退，民眾則是擔憂跳電頻頻。真令人難以置信。

正如在野黨一再提醒，或許政府可以提出相當多調漲電價的理由，或因全球通膨、俄烏戰爭及民進黨政府能源政策不當等情而有調整電費必要。

但在臺灣，供電品質和穩定性的ＣＰ值並不高，從南到北到處停電，三天兩頭斷電，責任都推給小動物：國內外產業界對用電缺口、供電不穩定也抱怨連連。行政官員張口閉口的持續努力，更是一張張隨時跳票的空頭支票。

台灣長久以來建立的國際信譽可說已毀於一旦；每天跳電、缺電還想要漲電價。不覺得說不過去嗎？

通膨來襲，痛苦指數能不狂飆嗎？

通膨來襲，物價騰飛，猶如壓力鍋；卻只有官員看不到、聽不到？別說品牌雞排賣到八十元一片，官員們知不知道，因為缺貨，早餐店的雞排堡快到了沒雞排可賣的地步？

其實官員不用鐵齒，早上到早餐店繞一圈，小商家清一色地怨聲載道：菜價狂飆二七．七％；雞肉、豬肉連漲；蛋價漲幅也破兩成，搞得蛋餅店老闆不漲價都快撐不下去了？連裝蛋餅的紙盒，也從一只六角、七角，到最近破一塊錢大關？更別提可樂、沙士、珍珠奶茶到鮮奶，各類飲料都在漲。

這些問題，政府有投入絲毫關心嗎？有去清查嗎？有提出任何辦法嗎？所以網民說萬物齊漲、通膨暴增，臺灣民眾生活在水深火熱之中，絕不是空話一句，而是人民本於生活經驗的直覺反應！

這絕對不是恐嚇，而是難堪的事實，只可惜我們的行政單位、行政官員依舊感受不到。還祇報喜不報憂，不斷用模擬兩可的數據大內宣，混淆人民視聽。所以別再扯薪資成長足以抗通膨的鬼話了，實質薪資不進反退絕對是一大警訊！人民生活壓力歷歷在目，物價上升又快又猛，人民的痛苦指數暴增，與政府數據產生嚴重落差。試問，低薪與失業問題衝擊嚴重，這些問題政府敢面對嗎？

光就消費者物價指數年增率加上失業率的痛苦指數而言，上一次痛苦指數破六％已是二〇一二年的事了。當時 CPI 年增率一・九三％，失業率四・二四％，痛苦指數六・一七％；現在失業率略低於四％，CPI 卻暴增到破三％，加上受疫情與通膨影響，痛苦指數飆破六％似已無法避免。百姓疾苦至此，官員還想死鴨子嘴硬嗎？

去（二〇二二）年，我們就一再的提醒主計長朱澤民，通膨已經來臨，各國對通膨都已採取必要因應措施，可是我們的主計長就是不理，還鐵齒的講，絕對沒有通膨。真不知民進黨政府是真被「神童」官員誤導，未對物價衝擊做準備？還是明知卻置之不理？結果央行昨天也承認，「薪資上漲幅度已趕不上物價上漲幅度」。換言之，錢變薄了，升斗小民因實質購買力與實質薪資雙雙下降，苦不堪言；就算加薪，也被通膨吃掉了！

看看四周，其實除了活在蚵仔麵線二十塊錢時代的朱主計長之外，除了試圖美化數字，誤導百姓的大內宣之外，是不是所有升斗小民都面臨通膨壓力？

臺灣二〇二三年四月份 CPI 已達三・三八%，尤其與上班族、年輕族群等外食族密切相關的四月份外食費上漲五・五六%！家庭支出每月更增加近三千元！加上我們的社會呈現富者越富、貧者越貧的 K 型分化。祇是政府不願意面對而已。

其實，官員不需要是神童，也不需要是盲眼婆婆，央行是有模型的，只要按專業去做，透過一定的模型去計算、預估，物價上漲或回跌趨勢數字就會出來，相關訊息也可以提供給國人警戒，以應變物價漲跌的衝擊，不是嗎？

更值得憂心的是，台灣是標準的淺碟型、外向型經濟，受國際情勢與美國急遽升息影響，央行已下調今（二〇二三）年經濟成長率，且後半年的全球性衝擊目前仍難斷定，斷鏈風險也非完全不存在。物價步步高升的台灣，薪水不見漲，工作機會受疫情擠壓，會不會引爆停滯性通膨危機已不容小覷！提防經濟步入衰退更是當務之急！

當然，在家庭可支配所得越低，CPI 卻越高的現在，青年失業與低薪問題日趨嚴重，低所得家庭、升斗小民受到衝擊也更重。所得分配差距越拉越大，這樣的社會公平嗎？公道嗎？又豈是我們要的！對於弱勢族群與學貸族生活，官員們不該投入更多關注嗎？拜託行政單位務實地面對現狀，優先解決民生需求問題吧！

萬物齊漲 只有神童級官員眼盲

時至今日，台灣社會面臨通膨與物價騰飛的衝擊已是不爭的事實，大概也只有綠營官員看不到，品牌雞排已賣到一片八十元，比一個普通便當還貴的地步。尤其近來飼料漲、鬧雞荒，農委會不是也預言豬肉、雞肉都會再漲？不僅如此，最近不要說鼎泰豐在漲，麵包狂漲，高麗菜、香蕉漲幅驚人，連可樂、沙士都在漲，民眾擔心的是接下來是不是又會有一波漲價潮？究竟還有甚麼東西是凍漲的？

眼看漲聲響起，物價全面性上漲，昨天我在立法院質詢主計長朱澤民，未來物價是否有回跌可能？換言之，也就是政府在應付通膨之際，對物價穩定有無具體方案，還是如大多數消費者認知，有些價格漲了上去就跌不下來、沒有回頭路？沒想到主計長居然說，「我不是神童，也不是盲眼婆婆」？

但要說起神童級預測，誰能贏過主計長呢？去年所有人都在警示通膨蠢蠢欲動，油價更從每公升二十元出頭飆到年底突破三十大關，但主計長等一票官員死鴨子嘴硬，假裝看不到萬物齊漲的趨勢，一整年堅稱國內沒有通膨壓力，硬說沒有超過二％警戒線就沒有通膨問題。這種神童級預測，除了有大內宣效果，對因應現實衝擊根本是虛功一場！

結果自去（二〇二二）年八月消費者物價指數（CPI）年增率首度衝破二・三四％開始，之後就沒再低於二％，到今年四月份CPI年增率三・三八％，更已是連續兩個月漲逾三％，是九年半以來最大漲幅；其中，核心CPI上升二・五三％、是十三年來新高。

尤其與上班族、年輕族群等外食族密切相關的四月份外食費，更上漲五・五六％。也證明民眾對物價波動的直覺是對的，今（二〇二三）年物價上漲問題越發嚴重，尤其主計總處之前還試圖安撫大眾，餐飲價格波動是隨著年節效應邁向高峰，但已逐步趨緩。怎麼四月份外食費漲幅還創一百六十一個月以來新高呢？

CPI七大類中，食物類上升六・九一％，菜價狂飆二七・七％，蛋價漲幅二一・三九％，人民生活壓力歷歷在目。物價上升又快又猛，民眾深深有感，怨聲載道，早不是新聞，只是官員矢口否認罷了。反倒是官員的無為無能，以致延緩政府各項應變措施。國王的新衣一經揭開，百姓苦於物價騰飛的現實便無從狡辯。

尤其最讓我們擔心的，官員們只知接連吹噓經濟指數一片長紅，卻看不到受K型經濟影響，富者越富、貧者越貧的現實。同樣是家庭每月支出暴增數千元，受創程度大不相同，結果家庭可支配所得越低，CPI卻越高；代表著低所得家庭、升斗小民受到衝擊比所得最高二〇％的家庭更重，這樣的社會公平嗎？

物價步步高升，薪水卻不見漲，工作機會也受疫情擠壓，所得分配差距更是越拉越大，官員們看不見嗎？政府對於弱勢族群生活所需不該投入更多關注嗎？

國內因素之外，高高在上的官員們不知道，台灣是標準的淺碟型經濟、外向型經濟，進口物價一波動就會帶動整體物價上漲嗎？尤其，國際趨勢又剛好走到高物價、高通膨和高利率的新時代，國際通膨加上新台幣貶值，台灣受到輸入型通膨衝擊不就更大嗎？

當然，目前台灣整體經濟尚佳，還談不上停滯性通膨的風險，但斷鏈風險就不存在嗎？如果加上國際性因素帶來的動盪，只怕官員們持續性的輕忽與怠惰，一昧地樂觀看待，就可能是未來危機風暴的開始，絕不可不慎！

房價失控已是你我生活日常

從賴神「房價已下降」到綠官大談「嘉義買得起」，一黨獨大的民進黨，離年輕人越來越遠，早是不爭的事實！還記得民進黨二〇一六年執政時，還承諾「年輕人的未來是政府的責任」，但七年過去，台灣年輕人越來越看不到未來，失業率高漲，低薪如一灘死水，房價卻越拉越高；別說買不起房，連房租也越漲越高！相對剝奪感如此沉重，這公平嗎？民進黨對得起國家未來的主人翁嗎？

對比之下，無能無為的綠營官員們，生活優渥無虞，就算落選也有內閣高官位置等著，甚至越升越高。又怎麼能期待綠官們能夠體會低薪與通膨之苦已成為大多數年輕族群的生活日常？

加上民進黨刻意炒作兩岸衝突緊張，兵凶戰危，局勢僵持，搞到年輕學子們當兵時間延長。一旦戰火蔓延，年輕人還要被推到第一線？

官員對年輕人的困境缺乏同理心，是讓問題持續升溫並擴大的主因。試問，面對年輕人對壓抑房價的訴求，副總統賴清德的回覆竟是「房價現在在降」？副總統難道不知道，這幾年連中南部房價都暴漲到離譜的地步，有幾個年輕人買得起房？何時房價才會降回到年輕人買得起的價格？

不可思議的是，內政部長林右昌竟再辯稱年輕人不是真的買不起房，而是「沒規畫」；勞動部政務次長李俊俋除附和賴神房價下降外，居然要買不起房的民眾到嘉義買房！民進黨的接班世代到底是不食人間煙火還是缺乏常識？如今，綠色政權是目中無人，囂張到要跟年輕世代硬槓嗎？

不食煙火的綠官們難道不知道，青年就業方案八年已砸了三百億？不知道青年失業率高達八．三六％，為全體國民失業率三．六七％的二．二八倍？不知道青年學子畢業就失業的痛苦？不知道二十五歲以下青年近半月薪領不到三萬元？

就以這樣的收入及支出，青年們買不起房的吶喊離譜嗎？事實上，居住正義的號角之所以這麼響亮，是因為從前幾年開始，房價飛漲就不光是雙北的特殊現象，中南部、高屏一帶更是漲得讓人驚心，就連中南的部房租也是猛漲。今（二〇二三）年四月份主計總處公布房租類消費者物價指數年增率二．三四％，更創下二十七年來同期的新高。

推敲房租上漲的趨勢，原來央行幾次接連升息，先說拉高房屋持有者貸款負擔，以壓抑投資炒作；最近又以升息抗通膨衝擊。問題在於，房屋持有成本的增加，甚至水電費用的調漲，房東終究會以房租調漲轉嫁到年輕租屋者身上！綠色官員只要看看數據就可以發現，買房甚至租屋的支出，已經是城市青年的重要負擔，更吃掉大幅的薪資收入。

面對國家未來的主人翁為失業、低薪、高房價、高租金等這些問題所苦，但是，當我前幾次率先提醒綠官們房貸高漲，將直接傷及信賴政府承諾而勇敢買房的首購族、年輕族群，同步引發的學貸上揚也衝擊廣大的學貸族。各部會一開始都置之不理，置若罔聞，直到民眾激烈反彈了才倉促應變。明明是官員不能苦民所苦，但因此增加的成本卻還是全民買單！

房價高漲不該是全民共業！看看許多年輕人已經打算當起不婚、不生、不買房的躺平族。家庭經濟條件好一點，有心買房的，就要接受可能退休還在繳房貸的困境。問問年輕人是否買的起房？也已有「存到死可能有機會」的回答！

說穿了，民進黨政府的官員們，只要竭盡所能取得執政，綠官們和特權階層又哪用得著和一般青年一樣為五斗米折腰？他們離年輕族群越來越遠，難怪會有這些脫離現實、匪夷所思的荒唐回應了！

「打房」祇剩口號　合理房市政策在哪裡？

就在網紅「館長」等號召民眾在今（二〇二三）年七月十六日為司法改革、居住正義走上凱道之際，行政院一反過往堅拒囤房稅的態度，在七月六日迅速通過「房屋稅差別稅率2.0方案」，並同意未來課徵囤房稅將採「全國歸戶」，也提高非自用住宅的稅率最高可至四．八％，並預計明年上路、後年課徵。這項政策被視為加碼打房，以抑制民怨。

遙想七年前，民進黨政府上任之際，曾提出「房市三箭」的住宅政策，也就是「改革房產稅制」、「健全租屋體系」、「建二十萬戶社宅」。如今驗證不過就是雷聲大、雨點小的口號而已。

姑且不論房產改革至今始終停留在「祇聞樓梯響、不見人下來」的階段，就連租屋補貼和二十萬社宅的綠色承諾，如今祇見預算大筆大筆的編，人民辛苦的納稅錢大筆大筆的繳，卻未見有績效。就拿二十萬社會住宅為例，居然歷經七年有餘，還要連未興建但已規劃都算入「完成」的行列。

在掌握行政大權和所有資源，以及國會過半情況下，即便抗議聲浪不斷且眾人皆曰不宜，民進黨依舊強行通過大法官人事案，NCC也忘了獨立機關的立場和民眾囑託，強令中天關台及強行通過其他電視案；最離譜的是連「國務機要費」都可以除罪化。簡單來說，就是只要綠營政府喜歡，沒有什麼不可以的！

最可恨的是，符合民意需求的住宅政策，卻怎麼也通不過，更無法執行。如今眼見把民眾逼上街了，才草率通過一個可能提高租屋價格卻無法抑制房價的「房屋稅差別稅率2.0方案」。

民眾對於高昂的房價，早已抱怨連連，身為在野黨，我們也一再善意提醒、說明和拜託。我更是早在前（二〇二一）年三月就提出「房屋稅條例」第五條條文修正草案。但綠營政府就是堅持房屋稅屬於地方稅，要地方政府負責，還堅持囤房的計算必須各縣市分別計算。可笑的是在總統大選前夕，民進黨政府過往的堅持，卻一夕化為烏有，原本堅持地方政府權限全部收歸國有，也可以馬上「全國歸戶」！

殊不知，從民進黨二〇一六年執政至今，房價不知翻了幾番？二〇二二年九合一大選，為了地方首長席次的勝選，更是玩弄台積電於股掌之間，到處宣稱台積電即將赴該地興建廠房，這些地方的房價因而大漲，年輕人無力買房的處境也更加艱巨。凡此種種均驗證房價居高不下的始作俑者就是綠營政府。

何況，綠營高層拼命蓋農舍豪宅也一再被揭發。依據媒體報導的訊息顯示，除民進黨徵召參選的宜蘭立委候選人陳俊宇以產銷名義申請政府補助外，還包括民進黨前中執委陳啟昱在高雄農牧用地興建農舍豪宅；更有綠委少爺被指控的農會一億多元超貸案件。此外，舉凡農地被分割，轉租，再以種電為由，侵蝕農地的林林總總行徑，更是罄竹難書。

如今，眼見民意沸騰、百姓不滿，在選舉即將到來之際，就端出口號騙選票？但是祗要看看內容，就會發現，不過是口號連連。就拿民眾苦不堪言的詐騙案件為例，不論是打詐國家隊或是「打詐行動綱領1.5版」，除了假藉名義花預算外，又做了什麼？再拿囤房稅為例，學者就批評擁房者也可以利用租賃方式，將多出來的稅金轉嫁給弱勢的租屋者。

當經濟不振，景氣下滑之際，全球各地的房價紛紛下跌，但是台灣的房價卻依然居高不下。日前央行無預警祭出第五波信用管制，不就是因為房價沒有下滑趨勢嗎？民眾不敢奢求房價腰斬，但是一個讓年輕人透過奮鬥可以買得起的房價，而不是做牛做馬數輩子都買不起的房子，不是政府應有的責任嗎？

綠營政府大餅已經畫了七年，所有事情民進黨都可以強行通過，為什麼合理的房市和社會住宅說了七年，還是做不到呢？

既然做不到，那就換人做做看吧！

經濟不能靠吹的

出口連11黑 民進黨擦不了脂也抹不了粉

財政部在今（二〇二三）年八月公布七月出口三百八十七億三千萬美元、年減一〇・四％，連續十一個月負成長；進口三百零二億五千萬美元、年減二〇・九％。看似一副歲月靜好，雲淡風輕的模樣。

問題是，台灣是以出口為導向的淺碟式經濟體，出口訂單自是經濟景氣的重大指標。現在卻出口連十一黑，電子零組件的七月出口亦年減七・九％，礦產品、運輸工具各減五七・三％、三四・一％，塑、化、基本金屬製品也年減三成上下，石油煉製品、自行車零件出口值更是折半，累計一至七月出口僅資通與視聽產品年增五・一％，其餘均呈現兩位數的衰退。綠營政府無視台灣全面衰退的局勢，竟然持續擦脂抹粉大內宣，誤導民眾，而不思力挽狂瀾振興經濟！

出口不振、訂單減少等衰敗所直接反映到的就是勞工朋友的權益。根據勞動部今（二〇二三）年七月二十四日公布的最新無薪假統計，已有事業單位六百二十五家實施，人數也達一萬五百七十五人；其中製造業占比更高達八成。

值此全球經濟混沌之際，各國早已紛紛展開渾身解數提振經濟。美國政府更是提出「拜登經濟學」，也就是全美增加超過一千三百萬個就業機會，也讓勞動人數創十五年來新高，失業率更是降至四％以下。

至於日本則在歐美各主要國家貨幣政策緊縮之際，放任日幣一跌再跌以增加出口，並藉由觀光客湧入，刺激日本內需市場。此由目前日本成為台灣出國旅遊首選並採買日貨回台可見一斑。

此外，日本最新發布的《通商白皮書二〇二三》也強調，日本將積極爭取國際半導體大廠進駐設廠，也將在北海道建立次世代半導體製造基地，以直接與台灣競爭。

反觀台灣，綠營政府做了什麼？除了拿似是而非的數據誤導民眾外，依舊凡事政治掛帥和祇知大內外宣；更無視各縣市的資源分配不均，還拿綠營縣市事先準備周到嘲笑南投因颱風受創。面對工總提出產業白皮書，強調缺才、缺工、缺水、缺地及缺電等「五缺」問題日益嚴重，卻絲毫不為所動，也無所作為，更提不出解決方案或任何具體促進出口或經濟的措施。

拜託綠色政權和綠官們懸崖勒馬並正視問題；也請摸摸良心，別再為了選票，捏造事實或掩飾真相；更別再為敗壞的施政成果擦脂抹粉。簡言之，別繼續漠視經濟衰退的現實；懇請務實以對，別再擔誤國人因應的時機，以避免台灣向下沈淪！

民進黨錯誤能源政策重創台灣

工總發表白皮書，聚焦台灣面臨的九大挑戰，並表示過去所提的缺電、缺水等「五缺」問題，不但沒解決，現在反而更嚴重。事實上，從庶民到產業，全台都怕缺電，但似乎只有民進黨不怕，也毫不在意，更不理會。前些日子，民進黨主席賴清德還逞口舌之快，聲稱台灣沒有用電不足問題，只是「綠電不足」！

尤其，在國際燃料價格持續飆漲，台電不斷虧損之際，更是令人心驚膽跳。台電赤字連連卻不思改進，累計虧損快把資本額虧光了。姑且不論全民又要持續買單，光是電價會不會繼續飆漲就夠讓民眾頭痛了；還別提後續的通膨隱憂，全國民眾只要聞停電、跳電就立即色變。奇怪的是，這些問題，始終不受政府重視？也看不到任何規劃或因應，更別提超前部署！

高高在上的綠官們整天只知坐享其成，卻不去檢討不專業的能源政策，也不破解不務實的「二〇二五非核家園」帶來的不合理的能源配比，竟用「綠電不足」掩飾台灣缺電的現狀；再次展現綠色政權睜眼說瞎話、指鹿為馬、凡事政治掛帥和混淆視聽的本質。

面對官員們的麻木不仁和政策荒腔走板，也難怪台積電董事長劉德音只能無奈的表示：「政府說二〇二五年不缺電，我們也只能相信」；而工總理事長苗豐強也只能表示：「希望電力來源不要只是燒煤燃氣」；更難怪唐獎永續發展獎得主哥倫比亞大學薩克斯教授（Jeffrey D.Sachs）會嘖嘖稱奇表示：台灣能源配比中的天然氣加燃煤竟有八〇％使用石化燃料，「這不是策略、不是去碳化，是即興演出」！

豈不知，台灣是以出口為導向的淺碟型經濟體，能源供應主要依賴進口，縱然民間支持綠能，但缺電與供電穩定真的不能忽略，而在民進黨執政下，也成為民間心中的痛。不但衝擊百姓的日常生活、農業的發展，也弱化企業的產能和國際競爭力！這些問題，國內外各界都清清楚楚，外商也年年呼籲解決問題，以確保台商有充足的電力供應和穩定的電網。只是綠官們依舊無感，除了喊一喊台灣不缺電外，又做了些什麼？

反觀日本和歐洲各國逐漸將核能視為環保的能源選項，綠色政權一方面引導企業回台投資，另一方面卻持續燃氣發電，導致碳排量持續成長，而與全世界去碳化的目標背道而馳！凡此不都是因為綠營死抱著反核神主牌不放的結果嗎？令人擔心的是，未來綠色政權究竟想迫使我們的產業被國際課徵多少碳稅才能滿足？

就連審計部近日公布的中央政府「總決算審核報告」還明白指出：包括光電、風電、漁電共生、天然氣儲存設施等綠電進度都落後；而綠能進度遲延和行政怠惰息息相關，其政策混亂、法令相互矛盾，又缺乏整合，也導致問題叢生。如今，心中只有選舉，凡事政治掛帥的民進黨和其主席賴清德，不但不想辦法補破網，督促無為無感的內閣動起來，卻只會耍耍嘴皮、找些藉口，放任官員耍廢？

更別提這七年來全力發展綠電的結果，已造成西海岸遍地光電吞噬農田和魚塭，遍佈離岸風電的西海岸施工與運作，也嚴重威脅海洋生態與漁民，衍生的弊案更是不計其數，進而導致槍聲四起，敗壞社會治安，引發百姓恐慌和抗議聲浪不斷。只是綠色政權依舊我行我素、視若無睹，而只想不斷憑著話術粉飾太平？

民進黨的錯誤政策已重創台灣產業，百姓、企業、外商也都叫苦連天！難不成，民進黨是打算用不務實的錯誤政策逼走產業和優秀人才？拖垮台灣經濟，好讓製造業和人民外移？或藉以降低用電量好達成非核家園不缺電嗎？

拜託綠營政府高抬貴手，務實檢討能源政策，放台灣人民一條生路吧！

堅稱台灣不缺電的無良政府

副總統賴清德在今（二〇二三）年八月五日出席青商總會「未來城市—青年進行式」論壇時指出，台灣現在沒有用電不足的問題，祇是綠電不足。果真是個睜眼瞎話的無良官員，竟想一語帶過，掩蓋事實真相，把缺電問題歸咎於綠電不足。不務實的能源政策和綠電配比怎麼來的？不就是民進黨政府和官員們的大作嗎？

如今，竟異想天開的用「綠電不足」掩飾台灣缺電的現狀。日後，是否想拖垮台灣經濟、讓製造業和人民外移，以便降低用電量，來達到不缺電的目的？

眾所周知，現今的能源配比是綠色政權規劃並強力推動，目的就是為了民進黨的宣稱「二〇二五非核家園」。也因此，才不務實規劃二〇二五年天然氣百分之五十、燃煤百分之三十和再生能源百分之二十的能源配比。曾任行政院長的賴副總統難道不知道經濟部長王美花在去年就承認二〇二五年無法達標？如果知道，這一年來做了什麼？不聞不問嗎？

賴副總統難道不知道審計部近日公布的中央政府「總決算審核報告」明白指出：包括光電、風電、漁電共生、天然氣儲存設施等綠電進度全數落後嗎？身兼民進黨主席的賴副總統祇要耍耍嘴皮、找個藉口就沒事了嗎？難怪綠官們各個耍廢，是物以類聚，才能步步高升嗎？

略舉審計部的決算報告，就可以發現綠能進度遲延和行政怠惰息息相關。比如：「持續建置水力與陸域風力發電機組，惟部分設置場址因未妥適考量水土保持法令對施工順序與範圍之限制、招標作業未如預期等情，影響執行進度，允宜檢討妥處」，又如：「提高再生能源發電占比，惟未積極盤點中央及地方轄管工業區可參與設置屋頂型太陽光電之廠房及容量」、「另儲能系統攸關再生能源發展及電力穩定，尚未訂定扶植國內供應鏈相關措施，儲能案場之安全管理機制亦待強化，允宜研謀因應，以促進綠電發展及穩定供電」。

再如：「政府秉持養殖為本、綠能加值之精神推動漁電共生，惟漁電公告區夾雜不符編定用途土地且未揭露合法用水資訊，不利業者整合申辦」、「特定農業區無養殖事實之養殖池不符申設條件，卻仍劃入漁電公告區、屋頂型漁電共生未經生態環境影響檢核、核准設置案場養殖產量與品質之驗證措施不足等，亟待研謀妥處及強化管控機制」等均可證之並驗證綠電政策混亂，而導致問題叢生。

此外，審計部報告還指出：截至去年底……漁電共生執行近三年，目標容量連一成都未達到、離岸風電建置，到二〇二五年估計的達成率僅六成八、天然氣儲槽容積天數，預計到二〇二七年會趕不上法定天數等。

而這七年來全力發展綠電的結果，已造成西海岸遍地光電吞噬農田和魚塭，而遍布離岸風電的西海岸之施工與運作，也嚴重威脅海洋生態與漁民。即便抗議聲浪不斷，衍生弊案更是不計其數，進而導致槍聲四起，敗壞社會治安，引發百姓恐慌等。綠色政權依舊我行我素、視若無睹。

如此荒腔走板的政策，就連唐獎永續發展獎得主哥倫比亞大學薩克斯教授（Jeffrey D. Sachs）也嘖嘖稱奇，還在八月二日的演講中指出：台灣訂了「二〇二五非核家園」的決策，卻沒有長期的能源策略，真不明智；也提到在能源配比中的天然氣加燃煤有百分之八十是使用石化燃料，「這不是策略、不是去碳化，是即興演出」等。綠色政權果真一再出招，讓全世界看到台灣。問題是，看到的都是荒腔走板的演出！

豈不知，台灣是個以出口為導向的國家，在全世界去碳化的目標下，台灣的能源政策在天然氣加燃煤的使用占比竟高達百分之八十，毫無「去碳」的思維。綠色政權究竟想迫使我們的產業被國際課徵多少碳稅才能滿足？又想用不務實的錯誤政策逼走多少產業和優秀人才？

如果再加上媒體所報導的「台電近來盤點全台工廠大型柴油發電機，列入台電電力交易平台……包含自來水公司淨水廠的備用柴油發電機等，以在未來緩解供電壓力」。豈不知透過柴油發電（也就是「最髒的電」）來補充不足電力，又會增加多少碳排放？難道綠營政府要比照上次「乾淨的煤」的說法，洗腦全民現在台灣都是使用「乾淨的柴油」？問題是，騙得了善良的百姓，騙得了國際社會嗎？

民進黨的錯誤政策已導致台灣發展受困。其能源政策更是讓百姓、企業界和來台的外商心驚膽跳、惶惶不安。

如今，上位者竟仍不思改進，還逞口舌之能辯稱台灣「不缺電，只是綠電不足」！難道要等台灣無法翻身之日才願意面對錯誤、務實改進嗎？

拜託綠營政府高抬貴手、懸崖勒馬，務實的檢討能源政策吧！

電力發展應早早出謀劃策！

台灣的能源政策跟得上時代的腳步嗎？以目前最夯的電動車「特斯拉」為例，它除了賣電動車外，還為了讓電動車有充足的電源，特斯拉公司同時也銷售儲能設備 Powerwall 在屋頂上裝設太陽能光電板，利用太陽光發電，並將產生的電儲存在 Powerwall 裡。

該儲能設備一方面可供電給特斯拉；如果碰到停電等緊急情況，還可以支撐住家一兩天的電力。甚至在美國加州，Powerwall 所存儲的電力，還可以賣給電力公司，以鼓勵民眾使用並推廣綠能。

從特斯拉的例子就可以看出來，產品的規劃與設計必須多元化，並且便利持續使用與創造價值。反觀綠營政府，在斷電、跳電橫行的今天，竟然對於全民賴以為生的電力及其供應，絲毫無視其永續發展的可行性，而以最不穩定的再生能源，作為我國電力發展的主力。

更無視俄烏戰爭對天然氣供應及其價格的影響，也不顧台海兩岸危機，還寄望二〇五〇年，再生能源發電比例超過六成。但是對於如何達成目標，卻毫無具體規畫，也無配套措施。難怪日前中研院李遠哲前院長接受媒體訪問時會爆料指稱，主政者覺得二〇二四年後不關他們的事！

殊不知，如要發展風光電等再生能源，就須預先規劃設想，並避免有風有太陽時，瞬間產生大量電力進入電網，造成電力整體系統不穩定的解決方式。

如果想以「棄光去風」方式，將瞬間產生的大量電力捨棄部分，以免衝擊電網的穩定，卻又是暴殄天物。因此，目前對於這個問題的解決方式，似乎祇能以儲能設備來儲存多餘的電力，以供未來使用。

祇是，建造儲能設備成本高昂，以目前業者預估，儲能系統存放一度電的成本（不含電費）約七元至十元；也難怪光電、風電開發商在政府買電的躉售價格固定下，寧可去光棄風，也不太願意興建儲能設備，增加發電的成本。

值此信息技術普及且政府信用破產的今日社會，民眾已無法再忍受政府的無為、無能和墨守成規。國際社會對於綠能要求日益迫切，友邦對於台灣缺電的危機也一再提醒，再加上半導體等用電大戶的產業又是台灣的經濟支柱與命脈，行政官員真不能再繼續怠惰或敷衍了事！

以儲能設備為例，就算其成本高昂，如有必要，行政官員也該好好想想如何鼓勵廠商投入發展，以避免電力來源仍無頭緒！

現今電力市場死氣沉沉，供電祇能看政府及台電的臉色。或許可以借鏡美國加州的儲電及交易模式，或鼓勵儲能設備的投入與成長，以活絡電力市場。

也讓投入儲能設備的廠商可以自由買賣其電力，透過供給及需求的平衡，讓想要確保電力供應不中斷的廠商自由購買。政府既然做不到該做的事，就放手民間參與。價格高低由市場決定，但至少可以降低跳電或斷電的次數，以避免突然停電的損害。

雖然，根據國際能源總署（IEA）統計二〇二〇年各國電價，台灣住宅用電排名全球第四低、工業用電排名第六低。但是對於需要電力穩定的企業而言，卻是時時膽戰心驚。

像是台積電，一個跳電，可能就會導致生產線上的所有晶圓報廢，損失可能是數以千萬，而延遲交貨，更是對信譽造成嚴重打擊。特斯拉在開發電動車之際，會想到如何確保電動車有電力運行，我們政府在提出能源轉型口號時，難道沒有深思如何確保轉型之路的順暢嗎？

　　電力在當今社會中是平民百姓賴以為生的重要資源，電力更是經濟發展的基礎建設。當政府夸夸而談能源轉型之際，就應完整規畫政策執行的步驟，以及可能面臨的問題和解決方案。不可怠惰卸責；大不可以因二〇二四年已經卸任，卻事不關己漠然陌路！

太陽能發電政策屢屢跳票！

民進黨在二〇一二年拋出「二〇二五非核家園」的構想，二〇一六年完全執政後便提出「展綠、增氣、減煤、非核」的能源轉型政策，設定二〇二五年再生能源發電占比二〇％政策目標。但今年起，就一再強調二〇二五年再生能源佔比將無法達標；而改提「二〇五〇淨零排放路徑」，主張二〇五〇年再生能源將占六〇％至七〇％。也就是開一張跟蔡政府無關的支票。

任何一個政策的規畫，理應搜集資料，設定重大時序，並列出相關目標，藉以評估在目標價值最大化的情況下，可以執行方案，以及各個方案的執行程序，可能遇到的阻礙，和克服的方式與因應措施。以美國為例，公共政策的設定，也多從四年為一小周期，八年為一大目標來規畫，雖被批評短視近利，但也是配合總統任期不得不的妥協。

蘇內閣卻是喊了一個九年的目標，也就是兩任後再加一年，擺明就是要下一任承擔。也難怪中研院前院長李遠哲接受媒體訪問時指出，二〇二四年以後是下一代的事，不是蔡總統的事。

以行政院訂下了二〇二五年太陽光電總設置量二〇GW（Gigawatt，百萬瓩）為例，學者就表示，如果光電量要達標，台灣單位面積光電裝置的密度將會是德國的四倍，但以台灣的地形與居住條件，這根本是不可能的任務！不知政府如何評估計畫的進行？

開發商到處搶地設置光電設備，但是在魚塭、農地上裝置太陽能光電板，會不會影響到農漁產量的欠收，竟仍在評估中。倒是太陽能光電板裝置漏電，電死豬舍裡的養殖豬隻消息時有所聞。更有甚者，開發商以其雄厚資金直接向地主承租土地，導致農漁民面臨承租不起土地耕作、養殖的困境，亦時有所聞。

至於環境破壞，更是罄竹難書。台灣西南沿海魚塭與廢棄鹽田，雖然不是法定保護區，卻是黑面琵鷺與許多候鳥南來北往的重要棲息地。當太陽能光電板一片一片架設後，耀眼的光線，面板的土地，讓候鳥無休息之處，改變了大自然生態的演化，或許到了二〇五〇年，我們的下一代已經不識黑面琵鷺等候鳥，而大自然在蝴蝶效應的影響下，將會產生永久的變化。

此外，太陽能光電板生命周期雖為二十年，但每年因自然災害或其它不可抗因素產生約〇・五％的損壞率計算，預估二〇二三年光電板廢棄量約為一萬公噸，二〇三五年起每年將產生超過十萬公噸的廢棄量，到二〇四一年起更上看每年產生二十一萬公噸的廢棄量，未來龐大的廢棄量勢將成為棘手的環境問題，綠營政府官員不用說清楚、講明白怎麼解決嗎？

再者，日出發電、日落而息的太陽能發電，對於國家整體發電最大的問題，就是供電的不穩定性。綠營官員雖然表示會利用儲能裝置，把有太陽時產生的多餘電力儲存起來。但是業者表示，光電系統結合儲能後，以現行光電躉購費率每度四・五元、儲能成本每度六元為例，則每度電的成本超過十元，和民眾目前使用的電費，足足高出了三倍多。果真如此，電用的越多，台電就賠的越厲害。今年政府也撥付一千五百億增資台電，但這樣用人民辛苦的納稅錢，來補貼錯誤的政策合理嗎？

台灣並不是全球第一個發展太陽能發電，這種綠能發展與生態環境相互扞格的現象，光電發展落後原先規畫進度等事例，早在歐美、韓國、日本等都已發生。正所謂他山之石可以攻玉。為什麼民進黨政府不吸取他國的經驗，來避免重蹈他國的覆轍，以展現後發先至的優勢呢？可以確定的是行政官員們絲毫不在意，還一再蹉跎光陰，不思進取。也難怪會有「不關她的事」的說詞出現。

曾主控西方政局的鐵血宰相俾斯麥評論歷史說：「歷史只不過是寫滿字跡的紙張而已，重要的是去創造歷史，而不是去撰寫它。」在此全球暖化，環境遭遇浩劫，急需能源轉型之際，正是我們展現同為地球村一員，人飢己飢的心態，規畫與各國同步淨零排放路徑之大要，挽狂瀾於既倒，拯蒼生於垂亡的英風壯舉。綠色政權既然只想虛應了事，甩鍋下一代，就讓我們共同用選票唾棄它！

風電政策一不小心就滿盤皆輸！

俄烏戰爭持續不歇，俄羅斯天然氣輸往歐洲的北溪管道遭到破壞。嚴冬在即，天然氣價格日益高漲。虧損連連的中油公司表示，若天然氣成本持續增加，中油到年底的累計虧損恐會比先前預估的一千八百億元還多；而配合著政府二〇五〇淨零排放路徑，我國正面臨一場前所未見的能源轉型劇烈變動，期待天然氣發電佔比下降，二〇五〇年「風光」發電等再生能源比例要超過六〇％。

風力發電及太陽能發電合稱的「風光」發電，正是目前我國積極發展發電模式。九月三十日離岸風電區塊開發首期選商收件截止，這是自二〇一六年第一座示範風電機組完工後，短短六年內，台灣就由離岸風電開發策略「先示範、次潛力、後區塊」三階段，從第一階段走到第三階段，可見蔡政府對風電開發之急迫。

但就一個新政策的規劃來看，離岸風電能源政策推展，特別是蔡政府在二〇一六年就發下豪語力拚二〇二五年裝置容量目標五・七ＧＷ，展現「超日（本）趕英（國）」的氣魄。祇是能源轉型畢竟是國之大事，訂定離岸風電政策前，理應將西海岸海域的完整規劃、原有漁民的出路、風電登陸地的風土人情變化等因素詳加考慮，執行時才不會偏差，也不至於引爆其他的問題。

就以美國東北部波士頓邊的鱈魚角（Cape Cod）為例，其在二〇〇一年時也曾發展離岸風電，但十六年後卻以失敗收場。主要就是高舉乾淨發電清潔能源的開發商，在面對當地傳統勢力的鱈魚角居民、漁民的反撲控訴風電威脅觀光、漁業和生態。漁民提出研究報告指出魚群主要通過聲音和振動來感知環境；渦輪機的存在會破壞牠們尋找食物、交配對象或理想棲地的能力。

一場接著一場官司，導致風電廠商最後不得不撤離鱈魚角。歷經十六年的黃粱一夢後，當地官員認為，政府必須自行先規劃出完善的海域發展計畫，擔任公正的第三方角色，而不是讓開發商自己去找地方，自己去跟漁民溝通。

再以憑藉淺海床及強風之環境而大力發展離岸風電的英國為例，其學者專家們也指出，英國對於風電和漁業或航運的衝突問題，早在選址階段就開始處理，與當地的漁民組織密切溝通，並公開展覽整個開發計畫，好讓當地居民充分了解整個風電開發計畫對當地的影響。其更重新檢視適用於自二〇二三年年底開始申請項目之棲息地法規評估之方式，以保護有價值之保育野生動物。

可見，政策制定過程中，一定要考慮政策目標、可能方案及其影響、資源、必要的妥協方案與管理，以及預算的分配與比例等；更需了解可能涉及的利益團體和風險。可惜的是在「風光」發電政策中，只看到綠營政府夸夸而談二〇五〇年與世界同步，達到節能減碳的目的，但是整個過程該如何做，如何執行，卻付諸闕如！

殊不知，離岸風電的開發勢將面臨漁民的何去何從？綠營政府祇知推卸責任，祇知要求開發商要給漁民補償金，也同意讓當地漁會等組織與開發商協商補償方式。但是兩個對立團體想要談出一個雙方可以接受的結果，無異緣木求魚。更何況一個風電廠成立，可能是讓漁民從此捕不到魚，賠償只是第一步，如何輔導漁民轉業才是重點所在。

至於環境保護的問題，期待著分布在苗栗縣龍鳳漁港，到台南北邊將軍港間，生活在水深三十公尺、距離岸邊六公里內沿海水域的白海豚會轉彎，巡遊時繞過風電發電場，更是刻舟求劍。從國光石化設廠開始，到現在風力發電，相同的生態保育問題，依然存在。更遑論候鳥季節遷徙路徑遭到風扇葉的破壞。

豈不知德國至少花費十年的時間才釐清海洋生態問題，規劃出對環境衝擊最小的區域作為風電場的位置。反觀我國的海委會成立迄今不到五年的光陰，還能寄望它能將台灣海峽的生態研究透徹嗎？但是既然政府要大力發展「風光」發電等再生能源，那當然就要盡全力研究規劃，推出適當的政策執行方法，而不是讓廠商投資成空、官員政策延宕、地方陷入抗爭，造成滿盤皆輸的局面！

揮霍無度的國發基金

國發基金投資的事業，除了台積電和極少數幾家廠商外，投資績效不彰，投資收益幾乎八成都來自經國先生執政時期所投資的台積電。就拿所投資的牛仔褲廠商如興一四．八八億元虧損一案為例，國發會主委龔明鑫上周四（二十七日）竟還理直氣壯地表示：國發基金也是受騙者！

姑且不論國發基金投資的標的何以不是「新創」事業？卻是成熟產業或上市櫃公司？何以背離設立之本旨？又何以讓賴清德誇口的每二年培育一家獨角獸的承諾跳票？龔主委不但全未釐清，竟還恬不知恥地把馬政府時期決定投資的 Gogoro 當成自己的業績！

豈不知，開發基金是在民國九十五年依據《中央政府特種基金管理準則》第十六條規定，將六十二年成立的行政院開發基金與三十七年我國與美國政府簽訂《中美經濟援助協定》後延續而成的中美經濟社會發展基金（以下簡稱中美基金）合併設立。而「十大建設」和台積電也都是當年中美基金與開發基金投資的績效。

如今，在綠營官員主政下，再也不見前瞻遠見的投資，更別提新創事業的投入或核心產業的建置。看到的祇是坐享前人種樹的果實，以及慘不忍睹的投資績效！

國發基金操盤團隊的不專業，在民國一〇六年投資的寶德能源公司事後宣告破產、一〇八年投資的東貝光電在翌年下市、一〇六年投資的如興公司，隔年就爆弊案並連年虧損，而在今（二〇二二）年七月更被打入全額交割股等都足以驗証。

祇是，國發會究竟是故意打臉賴清德二〇一八年擔任行政院長時，宣示國發基金每二年內至少孕育出一家具代表性的獨角獸新創事業的承諾？還是不把國發基金當回事？怎麼在猛踩地雷後，還有臉說被騙？

回顧過往，若不是蔣宋美齡夫人在美國國會慷慨激昂的演講和振臂疾呼，還會有中美基金嗎？何況，按照綠營政府只承認近七十三年中華民國政府在台歷史，而枉顧中華民國政府在大陸的事實，憑什麼還理直氣壯的享受「中美基金」衍生而來的「國發基金」呢？

再者，若不是經國先生及當時行政團隊的高瞻遠矚及深謀遠慮的以電子資訊產業作為我國產業發展重點，並洞燭先機投資台積電，台灣哪來的護國神山？又哪來獨傲全球的電子產業？

綠營官員既明知國發基金投報績效的主要來源就是台積電，國發基金一一〇年度決算書也明載其投資收益二百一十二億元，其中台積電收益就高達八成二（一百七十四億元），龔明鑫主委還拿前朝官員的績效當成自己的侃侃而談？

不可諱言，國民黨執政時期人才輩出。在專業且負責的行政團隊帶領下，中華民國成為亞洲四小龍之首；而四、五年級生也都享受了台灣錢淹腳目的尊榮，更親眼見證IT強國和國際間備受矚目的風華。如今，在民進黨拿著民主、自由的旗幟取得執政後，不但看不到過往的民主和自由，連淹腳目的錢也不見了。

尤其在綠營官員滿朝裙帶關係下，專業早已不復存在，更不見新創事業的播種。看到的祇有大撒幣和賠、賠、賠的敗象。也難怪古人說「盛世氣象，自多運籌帷幄豪傑；衰時運會，亦多奸佞涼薄的人物」！

提醒國發基金操盤團隊以股神巴菲特曾說過的「風險來自於你自己不知道你在做什麼」為戒，綠營團隊既然不行，就請讓專業的來再造國發基金和台灣的輝煌與未來吧！

新產業如何成為經濟新活水？

還台灣產業和人民自由飛翔的空間

根據彭博社報導指出，美國商務部長吉娜雷蒙多（Gina Raimondo）稱美國依賴台灣晶片是「不可持續的」和「不安全的」，而來台訪問的共和黨議員麥卡爾（Michael McCaul）也認為台灣的半導體產業是一個「容易受到侵略的戰略資產」。

就此，受訪而不願意具名的台灣官員表示，這些言論導致許多投資者不敢投資台灣。例如：巴菲特也因為擔心中國大陸和台灣之間的緊張局勢，在二〇二二年第四季度出脫其持有的大多數台積電股份，還在接受 CNBC 採訪時表示：「沒有重新評估業務、管理層或任何類似的東西；只是重新評估地緣政治。」

台灣產業何去何從，攸關台灣經濟和台灣的未來，尤其是半導體產業。畢竟，半導體產業不論是中美晶等的晶圓製造、台積電和聯電等的晶圓代工、聯發科和旺宏等的IC設計、製造，到日月光和南茂等的封裝、測試等，整個產業鏈不但是台灣經濟繁榮的主要推手，更是照顧員工並善盡社會責任的國家重要資產。

繼中美貿易戰後，衝突更升高到科技戰。此由美國近來的暢銷書「晶片戰爭」（Chip War）得見一般，但經濟部尹啟銘前部長日前也發表新書「晶片對決」釐清了事實真相。尹前部長還特別提醒：雖然印度和中國大陸日前技術落後我們，但是我們也必須要繼續前進，絕對不能掉以輕心。

至於韓國，則是我們半導體產業的主要競爭者；以及至於日本，雖然半導體產業曾經輝煌過，但是仍以利基型技術為主，和我們的半導體產業，合作可多於競爭。尹前部長也提醒美國的半導體產業曾經很輝煌過，美國政府如今則全力支援並期待Intel 等能快速趕上並再度偉大。所以，我們必須很小心的應對。

尹前部長認為未來台灣半導體的發展方向，宜從「半導體＋ n」的方向前進。例如「半導體＋ AI 人工智慧」、「半導體＋物聯網」、「半導體＋ 5G 應用」等。尹前部長也引喻提醒台灣成為能夠刺中要害的那根針；畢竟，針雖小，但只要能刺到要害，也就有足夠的威脅。簡言之，如果能讓產業界依照自已最有利的條件發展出關鍵技術及地位，產業才有辦法持續成長和在國際上立足的空間。

尹前部長的提醒不但引人省思，更當頭棒喝綠色政權別再亂來。請還民間企業自由發展的空間，對於像是台積電在哪裡設廠這種事情，就應該由台積電自行決定，別再政治力介入。畢竟民間企業並非政府機構，也不是慈善團體或公益組織，行政部門祇要把基礎建設完善，務實的解決台灣工業命脈的五缺（缺電、缺水、缺工、缺地、缺人才）和六失（政府失能、社會失序、國會失職、經濟失調、世代失落、國家失去總體目標的）就好了！

半導體產業是台灣的重要經濟命脈，對於全球經濟和民生亦至關重要。尤其在中美博奕大打「台灣牌」之際，綠色政權就算無法成為產業的後盾，至少不要成為產業發展的障礙。請不要再用任何藉口消費產業和人民，也還台灣產業和人民一個自由飛翔的空間！

長河漸落曉星沉——發展衛星產業的困境

二〇〇九年在俄羅斯西伯利亞上空約七百七十六公里處，俄羅斯軍方一顆已經報廢的衛星與美國銥衛星公司的銥星33號發生碰撞，在太空中形成兩個巨大的碎片雲，產生的碎片數量超過二千片。這些碎片以二十二倍的音速在太空中飛行。當時候科學家表示若有一塊十克重碎片穿越大氣層落在地面，其威力將可穿透坦克車。幸好最後這些碎片只有漂流在太空中。

二〇二一年四月，美國一家衛星公司 OneWeb 突然致函美國聯邦通訊委員會（FCC），抗議馬斯克的 SpaceX 星鏈計畫中衛星差點和自己公司的衛星在太空中相撞。雖然 SpaceX 事後表示相撞的機率只有十萬分之一，但也證明了衛星在太空中運轉，並不是在浩瀚宇宙中自由翱翔，而是在有限的軌道空間中窒礙難行。

為什麼看似廣闊的太空，人造衛星卻必須在擁擠有限的軌道中運行呢？因為衛星任務不同，使用的軌道也有所差別。一般來說，衛星軌道可分為：低軌道、中軌道、地球同步軌道、繞極軌道、太陽同步軌道等。

其中最好的軌道是地球同步軌道，是一個以地球為中心的軌道。其軌道周期與地球自轉周期一致。據專家表示，該軌道中還有個地球靜止軌道，它是地球赤道上方三萬五千七百八十六公里的地球同步軌道。在地球靜止軌道上的衛星對地面上觀察者來說，在天空中的位置保持不變，這樣與之通信的衛星天線就不必移動，而是可以永久地指向天空中衛星出現的固定位置。

那在這個軌道上多放一些衛星不就好了？但專家又說，為了保證衛星與地面的通信品質，兩顆頻段相近的衛星，相對於地球的夾角不能小於1.5°。否則信號就會相互干擾。於是，在同一頻段的軌道只能容納二百四十顆衛星，也早已額滿。更別提現在國際上註冊排隊的後補衛星數量早已超過二千六百顆。

由於國際上衛星註冊的方式，是向國際電信聯盟（ITU）登記，並採取「先申報先使用」原則，也就是說軌道使用權不是看發射日期，而是以申報通過的日期順序為准。因此，從二十世紀五、六〇年代開始，冷戰時期的美蘇兩國為了爭霸，早就已經申請了大批的軌道，太空中所開發的軌道，也早就已經被提前預訂，也導致後起國家衛星發展的阻礙。也因此，我國現在才想要大力發展衛星產業，就會面臨前述的困難。

其次，衛星產業發展相當重要的一個問題是「可靠性」。因為人造衛星發射後，沒有辦法像飛機、火車般定期維修；如果發生故障，頂多就是靠回傳的有限數據，遙控修復。但如果數據不足，就只能推測，更不可能更換零件。因此如何讓這些零件可以長期使用不出問題，產品可靠性就很重要。

在「阿波羅計畫」登月五十年後，美國太空總署又重啟登月計劃；伴隨著二十六個國家及機構所組成的 International Space Exploration Coordination Group (ISECG) 發表的 The Global Exploration Roadmap 規劃，在未來幾十年內把探索太空的重點分為了三個區域，分別是地球周邊軌道、月球和火星。

地球周邊軌道計畫就是希望建構一個數位化的地球，這就需要衛星網絡建立起的通訊系統，才足以讓資訊快速，且無障礙的流動。至於探索月球及火星更是需要衛星作為基礎設施，成為中繼站。

登陸月球、火星，對於台灣可能還太遙遠，但是建構一個數位化的地球，正是台灣電子產業持續發展的一個大好機會。雖然我們的衛星產業起步過慢，但如果能掌握商機，相信對我們的經濟發展一定有莫大的助益。

碧海青天夜夜心——淺談衛星產業的商機

蘋果公司日前發佈 iPhone 14 手機，引起果粉的注目。這次新增的功能之一為衛星 SOS 連線，也就是說當使用者遇到緊急情況，聯繫不上任何電信公司的信號時，可以透過該手機連結到衛星特定頻率，發出 SOS 訊號。而 Android 系統的 Google 公司也表示，將在下一版 Android 14 加入衛星通訊功能。著名 IC 設計大廠聯發科更宣佈搭載聯發科具 5G NR NTN 衛星通訊功能的測試晶片，日前於實驗室環境中連線測試成功。

一時之間，衛星通訊的呼聲又開始響徹雲霄，上世紀摩托羅拉公司銥星計劃的全球通手機的記憶又被喚醒，當初七十七顆衛星（最後只發射六十六顆衛星）覆蓋全球，通訊無死角的概念被馬斯克一．二萬顆衛星的「星鏈計劃」，提供覆蓋全球的高速網際網路存取服務的理想所取代。為什麼衛星產業會受到如此的熱捧？

據 TrendForce 預估，至二〇二三年全球衛星產業產值可達三〇八三億美元；而根據工研院 IEK 預估，二〇二三年全球汽車電子與車聯網產值則為四五一一億美元。從這兩者的比較可以看出，全球衛星產業發展已經進入了一個爆發期，也難怪馬斯克急著進入衛星產業市場；而 Amazon 也啟動 Kuiper 計劃，預備五年內送三千二百三十六顆衛星升空，衛星產業的商機顯已濫觴。

為什麼大型科技公司要跨入衛星產業呢？大多數人類都生活在都市人口密集區域，這裡電信基地台遍佈，對生活在都市的人們而言，沒有聯絡不上電信訊號的意識。但是地球的百分八十都是海洋，水面上無法興建基地台。此外就算在陸地，也不是每個地方都是人口稠密地區，在崇山峻嶺，廣闊沙漠，熱帶雨林等地，基地台訊號也沒有覆蓋到。而人類也經常搭乘飛機往來各地，在天空中也無法使用手機。這些都是可以用衛星信號覆蓋，讓人類持續與文明保持聯繫。

若通訊衛星及導航衛星網絡高度發展，未來在茫茫大海中，貨櫃船行駛時許多判斷及操作都可以挪到岸上控制中心，透過衛星即時遙控。

如果資源衛星全面網絡化，大片農田上農作物生長情況，也可以得到實時監控。目前最熱門的淨零碳排，也可以透過衛星全面觀察工廠的碳排放量，建立一個監控系統。

美國矽谷一家公司分析著名百貨公司JC Penny業績，就是利用衛星追蹤這家百貨公司全美九十六個連鎖百貨店面的二十五萬個地面停車場的數量。發現停車場上車子停放的數量與股價成正相關。該公司認為停車場車子數量越多，代表顧客越多；而顧客數量越多，消費額也會跟著增加，那公司總收入也會提高，股價自然也跟著水漲船高。

而馬斯克當初在推出Model 3車款時，因為預訂量相當多，許多觀察家都認為工廠無法準時交貨。但矽谷這家公司就透過特斯拉工廠的衛星照片分析，了解其倉儲、原材料的相關情形，再加上每天貨車、大卡車的出入情況，判斷特斯拉生產能力應該不成問題，可以準時交貨。最後也證實其判斷是正確的。

可見衛星資料的運用已經一日千里。除了原先我們記得的小耳朵可以收看衛星電視，透過衛星雲圖可以了解颱風狀況；而後Google地圖出現，塞車的路線會出現紅色，讓駕駛得以避開；現在利用手機叫車，叫餐，可以隨時了解車子到哪裡，餐點運送至何處。就連這次的俄烏戰爭，烏克蘭國內在基礎設施被破壞殆盡，仍可透過衛星通訊與外界保持聯繫，隨時將戰況讓外界得知，以爭取各國的支援。就可確認我們的生活越來越需要衛星產業提供各項服務。

反觀台灣，雖曾在一九九九年委託洛克希德馬丁（Lockheed Martin）公司的雅典娜一型載具（ATHENA-1/LMLV1）在美國佛羅里達州卡那維爾角（Cape Canaveral）美東發射場發射福爾摩沙衛星一號升空，正式進入太空時代，但太空發展法卻遲至二〇二一年才制定並於二〇二二年一月二十日施行；而顯然落後他國甚多。

就此，數位發展部唐鳳部長也在最近表示上任後要推動兩大要務之一便是非同步衛星，強調烏克蘭在俄烏戰爭面對光纖斷纜，還能善用非同步衛星來開直播或跟各國通訊，顯示非同步衛星的重要性。

祇是，以戰爭來訴求衛星產業的重要性，顯然忽視了衛星在和平時期在商業及其他各方面用途的優點，不得不說是畫錯重點。其實，我們必須重視衛星產業的崛起，並積極開展商機，以便迎頭趕上，並期待能在後疫情時代，加速台灣的經濟成長。

身無彩鳳雙飛翼——元宇宙產業發展的困境

駭客任務（The Matrix）系列電影，描述擁有人工智能的機器人統治了世界，人類大腦的生物電和身體熱量，產生一種特殊形式的核融合反應，變成提供世界成長的能源。人類的軀體就像動物一樣被豢養在營養液中，而人腦透過人機接口生活在虛擬世界中。

這系列的電影推出時，引起了極大的震撼，對未來充滿了幻想及憂心。煩惱人類被機器人統治，想象在虛擬世界中的快樂生活。但虛擬世界，這個元宇宙的大餅是否一蹴可幾？目前號稱正在建立的元宇宙世界是否可以整合成一個完整的系統？

從原先的區域學術和軍事網路連接的 ARPANET，發展成連接全球的 Internet；從 IPv4 版本用三十二位元定義 IP 位址，現今已往 IPv6 版本，用一百二十八位元來定義 IP 位址。任何人在網絡上發表的東西，在地球隨處的一個角落，只要連上網路都一定可以觀賞的到。受到網際網路整合成功的影響，許多人也對美好的元宇宙充滿信心。

但元宇宙是否可以做到全球整合呢？目前號稱提供元宇宙的平台，就有好多家，像是 Roblox、Decentraland、Sandbox……以及把公司名稱改成 Meta 的臉書；中國的騰訊、阿里巴巴也是不可忽視的平台。這些平台各自雄踞一方，互不隸屬，如何讓他們整合就是一大難題。也難怪現在有元星系概念的出現，認為宇宙中有許多星系，像是我們所居住的太陽系所屬的銀河星系，離我們最近的仙女座星系，這些星系也是各自發展。所以在元宇宙中，這些不同公司建立的平台，就像星系一樣，也不見得要相互整合，還是可以獨立發展。但各自發展，是否是我們想要的美麗元宇宙呢？

另外，元宇宙內通行的標準是什麼呢？像是圖形檔，目前就有 jpg、tiff、png 等格式，更遑論影片格式了！有的網站接受 jpg 格式，有的網站卻接受別種格式，經過多年來整合，也只能說大多數的網站接受 jpg 格式，還是無法做到統一的格式。而未來元宇宙中，不光是平面圖形、影片，最重要的 3D 環境，要用什麼格式，到現在仍然莫衷一是。未來如果還是各吹各的調，使用者想要上傳的東西，在不同的平台可能就要用不同的格式。

但最麻煩的事情還是記錄問題。在人類社會中，一個人從包裡拿出一支筆，不小心包裡的一張紙跟著掉下來。本來那個人覺得這張紙無所謂，所以就不管它了，但十小時後，突然發現那張紙是一張支票，他趕忙回到原處去尋找，如果無風無雨，也沒被人注意到，這張支票應該還在原先的掉落處。

一段看似平庸無奇的故事，一個任何人隨時都可能發生的事情。但在元宇宙內，這可牽涉到許多的技術及存儲設備。首先，這張紙從包裡掉出來，是直直的掉在地上？還是東飄西蕩的掉落地上？掉在地上，這張紙是張開的？還是捲曲的？這些畫面的呈現都涉及到電腦的運算能力。

東飄西蕩的掉落，跟直直的掉落，在程式的撰寫中，就有許多參數的差別。假設東飄西蕩的掉落需要比較多參數，經過比較複雜的運算才能達成這樣的畫面呈現。如果元宇宙中，每個虛擬分身掉落的紙張都要用東飄西蕩的方式處理，同時有一百個虛擬分身掉落紙張，那電腦的運算能力是否足以及時支撐呢？

這還不打緊，十小時後回到原地找支票，這才是最大的問題。目前的電腦平台都只有記錄你想留下來的資訊，並無法記錄所有的資料。那麼十小時前的一個無心舉動，平台是否要記錄存儲下來呢？在紙張掉落的一剎那間，使用者的想法認為那是無用的紙張。按照邏輯，為了減少存儲空間的使用，平台不會保存這段記錄。但十小時過後，使用者卻覺得這個是重要的，需要找回來，平台對於一個沒有記錄下來的資料，去哪裡找回來呢？如果為了避免這樣的情況發生，平台業者把虛擬分身的每一個動作、發生過的每一件事都記錄留存下來，那麼需要多少的存儲空間來記錄這些歷史資料呢？

元宇宙的發展看似美好，但細想之下，卻仍有許多問題需要克服。特別是人類社會演變裡，許多看似不經意的事情，卻牽一髮動全身；也像蝴蝶效應一樣，看似無足輕重的拍翅動作，卻有可能引發一連串後續反應。因此面對元宇宙的發展，人們恐怕還得深思熟慮、仔細規劃，才能實現當初美好的理想！

只是當時已惘然——元宇宙產業的發展

近日數位發展部成立，且下設不明之「多元宇宙科」，部長唐鳳回應表示，「多元宇宙」就是多個元宇宙的意思。但何以有個職掌多個「元宇宙」？疑慮不斷。

殊不知，元宇宙（Metaverse）源自史蒂文森（Neal Stephenson）一九九二年的科幻小說《潰雪》（Snow Crash）一書，並描繪當二十一世紀全球經濟崩壞後，政府無法執行應有功能；也因政府功能不彰，百姓就把心力放在虛擬實境中。

潰雪的主角在現實生活中雖是以送披薩為業，但回家後就進入虛擬實境－元宇宙。而在這個比地球大兩倍半的虛擬世界裡，有一條長二的十六次方的大街，且在這條大街及依附於主幹道的小巷中，不管你在真實世界是什麼身份，都可以化身想要的身份並從事想要的事，人們因而趨之若鶩。

回想過往，「電子雞」的興起，讓年輕族群看著手表裡的電子雞逐漸長大，多了交談的話題及愉悅的心情。繼之，臉書開始流行，而靠著「開心農場」遊戲，也讓使用者在虛擬世界中，摘別人的農作物壯大自己的農場，好滿足現實社會難以成就的事物。至於最火紅的 Switch 遊戲，不論是「薩爾達傳說」、「動物森友會」，還是「超級馬利歐」系列之受到網友追捧。凡此種種，均可讓使用者在虛擬世界舒解壓力並感受任務達成的成就感。

不可否認，當我們看到大多數使用者在臉書上展現家庭和樂、美麗幸福的面向時，就可以了解其在虛擬世界裡的渴望，而透過各式各樣遊戲，也可以滿足人類在虛擬世界裡的幻想。因此，目前各國對於促進元宇宙產業的發展，多半仍以遊戲及電動產業為主，加上電腦、擴增實境（Augmented Reality, AR）及虛擬實境（Virtual Reality, VR）等硬體設備與週邊設施。

當然也有強調元宇宙就是下一代網際網路者（Web3）。由於數位發展部在其英文網站中，並未翻譯「多元宇宙科」乙詞，而無法判斷其究竟意所何指，是鳥瞰 Web3，還是其他？。

如是，則 Web3 既強調「去中心化」的網路，以避免過往網路數據被少數平台掌握、控制底層系統（underlying system）並導致使用者資料無法互通的缺失。而寄望在 Web3 時代，可透過整個網際網路就是大資料庫的特徵，不用再把資料存在特定地方，而可存在許許多多無法篡改的節點，並利用區塊鏈技術，來搭建自由流通的虛擬網路生態系。

元宇宙產業未來如何發展，目前仍無定論。但許多國家業已著手發展，以韓國為例，其在亞洲金融危機後，就全力發展文化產業，戲劇、電影及歌曲等，也頗有成效並暢銷全球。此外，其在遊戲產業的表現更是不俗。像是《天堂 online》、《楓之谷》等遊戲，都是引領風騷的代表作品，也讓韓國在遊戲產業領域成為牛耳。

至於 Google，Apple 等科技公司除了發展各式電腦遊戲外，也積極發展 AR、VR 等硬體設備。臉書更把公司名字改名為 Meta，強調往「元宇宙」邁進。可見科技先進國家無不努力促進元宇宙產業的成長，以期能一舉掌握元宇宙產業的主導權。

反觀台灣，超額編列預算的數位發展部竟然綁手綁腳的以「全球 Web3 數位服務之研發、專案規劃與推動」為限？也不敢做 Web3、虛擬商品、金融科技的主管機關？究竟數位發展部是不是網軍的內應或小金庫？到底要做什麼？蘇貞昌院長及唐鳳部長真的應該好好說清楚。

何況，行政院長蘇貞昌去（二〇二二）年四月一日指出要在一個月內確定NFT、虛擬貨幣等相關業務主管機關為誰，但已延誤一年多了，仍未見下文。迄今祇看各部會相互推諉，而不得不為我國元宇宙產業及其發展捏一把冷汗！

書被催成墨未濃——人工智能的問題

在亞馬遜的倉庫裡，人工智能機器人忙著輸送消費者訂購的物品到傳送帶上，接著按「揀貨速率」的規劃，把傳送帶上的物品送到附有時間條碼的紙箱裡包裝並運送，以便在約定的時間內，送到訂購者的手中。

回溯幾十年前人工操作的畫面，如果去問工人們的感受，十有八九會抱怨腰酸背痛，累到說不話來。但值此人工智能時代，智能機器人非但不會累，還很清楚輸送帶上的貨物是否快沒了？什麼時候該補貨了？面對著永不勞累的機器人一再的將新物品補充到輸送帶上，再怎麼身強體健的工人也比不上能承受持續性高強度工作量的機器人。

隨著時代的進步，智能機器人的引進，已從泰勒先生（Frederick W. Taylor）的科學管理（Scientific management）和亨利福特（Henry Ford）的運用在 Model T 汽車量產及裝配生產，再次進化並在生產模式展嶄露頭角。過往工廠流水線的生產模式，藉由單一的動作來提升工作效率，總被批評是把人類當機器；而人機合作的生產方式，也仍被批評把人類當機器。無論如何，人類的體能極限無法與機器比擬，單一化的人機合作操作模式，也絕不是我們期待的人工智能。

尤其，為了發展人工智能的儲能設備及高性能電腦，地球的資源被大規模的耗費，環境也被嚴重的污染。據說中國大陸包頭的人工湖，因開採稀土致使湖水充滿有毒的黑泥，散發出硫磺惡臭；印尼蘇門答臘的錫礦也在沒有任何保護措施下，由工人冒險開採。

至於，去中心化等虛擬貨幣的驗算、人臉辨識、Deepfake 設計、機器深度學習等資料運算及儲存更需要耗費大量電力與的資源。人類希望地球不要暖化並力求節能減碳，但另一方面卻又全力發展耗電的產業及人工智能機器，真是令人費解。

另外，上次美國總統大選時，曾有川普宣布啟動核戰爭的影片引發爭議，後來發現竟是利用演算法製造的假新聞傳送到社群媒體，以影響選舉結果；而網路透過收集網民的上網足跡，促銷其可能感興趣的物品，或者將網民的個資及興趣出售賺取利潤等，也對於政治、經濟和社會發展造成莫大衝擊，並改變民眾生活態樣和選項。

記得在一九四二年，美國科幻小說家艾西莫夫（Isaac Asimov）曾提出三大警示：首先是機器人不可以傷害人類；其次是機器人必須服從人類的命令；第三在不違反第一、第二項法則的前提下，機器人才可以保護自己。但在人工智能高度發展及國家勢力介入的今日社會，這樣的前提早已破壞。

例如：政府利用犯人入監照片、民眾入出境資料、馬路上安裝的攝影機所拍攝的照片，加上住家監視器等所補捉的照片，來提供政府補助的人工智能設備辨識好人、壞人。此外，在軍事方面也有七十多國發展無人化系統。據說，在伊拉克及阿富汗戰場上，就曾投入超過一萬二千個機器人士兵，在人工智能協助下，辨識出所謂的「壞人」，奮勇殺敵，以及未來更朝向機器人士兵占地面兵力的三分之一邁進。果真如此，則機器人殺人，在人類要求下，已經出現了！

人工智能發展到今天，雖然為人類開創了新的思考模式，而大數據的運用，也更精準的取代傳統抽樣調查的結果。但不可諱言，人工智能的發展，也為人類帶來許多災難性的演變，更在人類習以為常的生活中製造了不少混亂，包括：假新聞入侵社群網站。

人們不禁質疑，當人工智能技術持續升級後，未來機器人會不會自己製造機器人？就此，牛津大學人工未來學專家 Nick Bostrom 就曾暗示，如果未來的人工智能系統擁有與人類價值觀不一致的價值觀，那麼惡意機器人也可能會成為現實。在科技發展之際，如何避免人工智能帶來的危害，也應先納入規範以防患未然，好避免悲劇發生時措手不及！

千里鶯啼綠映紅——論人工智能的繪圖技巧

二〇一八年十月份佳士得拍賣會，一幅名為「Edmond de Belamy」肖像畫，以四十三萬二千五百美元售出。而在這場拍賣會上，二十世紀普普藝術（Pop Art）大師 Andy Warhol 的一幅真品版畫只賣出七萬五千美元，而同樣為二十世紀普普藝術家 Roy Lichtenstein 的青銅作品則是以八萬七千五百美元的價格售出。

「Edmond de Belamy」這幅作品畫的是一位紳士穿著深色外套，露出白色衣領，面部模糊，五官難以辨認。該紳士的主體稍微向左上角偏移，畫布上留有大片空白。從畫風上看，這幅肖像很像十八世紀至十九世紀的作品。起拍價是五千五百美元，經過近七分鐘五十五次的出價，一位匿名電話競標者以三十五萬美元成交，加上佣金等，買家總共需為這幅畫支付四十三萬二千五百美元，是預估價的四十三倍。

比普普藝術家作品還珍貴的這幅肖像畫，是由法國藝術團隊 Obvious 利用人工智能技術繪製出來。據媒體報導，該團隊讓人工智能鑽研藝術史，並向它輸入作品的誕生過程；同時還輸入了超過一萬五千幅十四世紀到二十世紀的人像，讓機器學習並根據訓練指令創造出若干新作品。「Edmond de Belamy」就是其中的一幅畫。

而美國紐澤西州的羅格斯大學（Rutgers University）的藝術與人工智能研究所及Meta 人工智慧實驗室則是開發出一種可以進行繪畫創作的智能演算法。這個系統分析了從十五世紀到現代的一千多位藝術家，以及總數為八萬一千四百四十九幅繪畫作品。通過研究這些作品，人工智能學會了如何分辨不同的繪畫風格。

研究人員接著開發了一個對抗性網路。其中一個演算法會首先創作出一幅新的繪畫作品，然後另一個演算法再來判斷這幅畫作是否可以被看作藝術品或者僅僅只是某種隨機的圖案。透過這樣的演練計算創造出來的繪畫作品，據研究人員指出，有七五% 參與測試的人認為由人工智能生成的作品是由一位藝術家創作的藝術品，幾乎已經無法分辨出作品是由人類創作或是機器創造了！

隨著數據量越來越多，研究人工智能的科學家把更多的變數寫入程序中，再加上所謂的「深度學習」法，人工智能繪製出來的圖案更令人為之驚艷。二〇二二年四月初，OpenAI 公司發佈了一個新系統 DALL-E2，名字來自機器人瓦力（Wall-E）

和藝術家達利（Salvador Dali）相結合，2 則代表它是第二代產品。它可以將文字描述轉換為圖像。比如輸入「普普藝術形態的太空人在太空中騎馬」，它就會生成一張帶有普普藝術風格的太空騎馬圖。

此外，藝術家 Somnai 設計的 Disco Diffusion；Google 研發的 Imagen 等等繪圖工具，據實測人員的體驗，目前這些人工智能的繪圖工具可以對一些比較具體，但又不是過分細節的文字描述，能返回出品質相當不錯的作品。比如說，下達的指令為「我想要一個印象派風格的花園，其中有小溪、有狗、有樹，還有一些小孩在小溪中游泳」，就比較容易得到高質量的AI畫作。如果是特別抽象的描述，作品呈現的效果就比較差。

隨著人工智能繪圖技術逐漸的普及，很多網站都提供畫畫的功能，像是 Google 開發 Giga Manga 可以幫使用者創作具有漫畫風格的水彩畫，有些網站還可以直接用人工智能從事平面設計，像是一些細節要求不高、只大致需要一個示意圖的場景，人工智能便可直接出圖；如果設計師在尋找靈感、創作初稿的階段，也可以利用這種人工智能繪畫工具設計，然後再接手精緻化。

但當人工智能的繪圖技巧越來越高明時，設計師工作是否就會被取代了？我們現在一直在討論的就是未來有哪些工作會被人工智能取代？人類該怎麼自我精進才不會被電腦、人工智能所取代？

面對人工智能的越來越聰明，自我不再謀求成長的話，未來的發展勢必會受到人工智能的壓迫。以前我們區分人類為「白領階級」、「藍領階級」，而現在提出了「無用階級」，當這個人的能力可以被人工智能取代時，還有存在的價值嗎？

買賣不成仁義在——論人工智能對股市交易的影響

二〇一六年初，Aidyia 公司將他們管理的對沖基金裡的所有股票交易全部交給了人工智能（AI）來進行，當時候著名的人工智能科學家 Goertzel 說了一句話：「如果我們都死了，人工智能還是會照常交易。」從那時候開始，採用人工智能技術股票交易公司越來越多，也把股市交易市場搞得天翻地覆。

由於人工智能是透過資料庫裡的數據及資訊進行分析，並了解股市變動的趨勢與漲跌。但是，股市並不當然按照歷史規律進行。此有一九九八年的金融危機、二〇〇〇年網路泡沫、二〇〇八年次貸危機等為例。

更何況在去（二〇二一）年發生的「遊戲驛站軋空事件」（或稱「GME 事件」），就是 Reddit 社群網站上 wallstreetbets 討論板和其他在線交易論壇使用者，透過羅賓漢等免費交易 App 對抗對沖基金軋空 Game Stop 所觸發。足見，未來不可預測的突發事件，隨著網路科技的發展祇會越來越多。也因此，單純依賴歷史資料判斷股市起伏，恐怕無法因應變化萬千的股市。

更別提，對於股市的漲跌看法，各家說法也多不一樣，股神巴菲特強調價值投資，「金融巨鱷」索羅斯則是以「投機性」和「短期性」操作聞名，市場上更有不少人強調技術分析，像是K線圖、MACD指標、布林通道（Bollinger Band）等等，人工智能雖能吸納判讀，但要剔除錯誤資訊，仍需要工程師的介入。

這就牽涉到資本的問題，如果經費足夠，當然人工智能的參數就可以多設一些。有些公司的系統還可以支持多個人工智能模組，不同模組的人工智能引擎利用其不同的資料庫分析股票市場的漲跌預測，然後再來選出最佳的市場決策。

目前，對整個股票市場影響最大的人工智能技術應是「高頻交易（high-frequency trading, HFT）」。投資股票的人都知道，買賣股票的順序，都是價高者先得，如果價格相同時，則是按下單先後順序交易。現在的技術也將這樣的規則運用到極致。

以研發的新藥解盲成功的生技公司股票為例，如果該公司，在訊息公開後，公司股票的股價勢必上漲。然則人工下單的速度肯定不及人工智能的技術。可能在不到一毫秒的時間，人工智能技術就已經下了數萬張買入的交易單，這就是所謂的「高頻交易」。反之亦然，如果出現不利某股票的訊息，人工智能技術也能在一毫秒內做出判斷並下單，而且還是好幾萬張的交易單，完全擠壓了人類下單的空間。

文藝復興科技科技有限責任公司（Renaissance Technologies LLC）是美國一家避險基金公司。它在一九八八年到二〇一八年三十年間的平均增長率高達六六%，而在一九九四年至二〇一四年中期的這段時間裡，其平均年報酬率更是高達七一・八%。遠遠超出了人們對「股票交易」獲利率的認知。

由於該公司跟每個員工簽署了保密協議，至今沒有人確切知道它的具體做法。但根據《經濟學人》雜誌記者在二〇一〇年出版的《More Money Than God》這本書的說法，文藝復興公司的之所以有這麼高的獲利率方法，應該是高頻交易。但由於美國股市交易，電子下單與程式交易普及，導致了二〇一〇年五月六日的一次美國股票市場崩潰事件，道瓊指數在五分鐘之內暴跌六百多點，市場瞬間蒸發了一兆美元。近年各式股票交易 App 盛行，散戶集結起來，也可以實現聚沙成塔的力量及影響。GME 事件就是最佳寫照。可以預見的是從去年發生 GME 事件後，人工智能的資料庫應已納入相關網路論壇及留言板資訊，以作為判斷基準。

從人工智能的發展來看，專家學者就憂心這是加深並擴大貧富差距。因為，人工智能需要大量的高運算力的電腦及多到令人難以想象的數據來支持。以目前的情況來看，幾乎祇有如 Google、Meta、Amazon 等跨國數位平台巨擘才有足夠的財力支持研發，或是募到相當規模資金的新創企業才做的到；而這些又多是歐美等科技發達領先國家的企業。

如果按照這樣的情況持續演變，人工智能技術及其應用將使得富者恆富，並促使發展人工智能國家的國力大幅上升。

科技的進步雖是人類的共同希望，但也可能造成難以彌補的危害，而必須提前規劃佈局。

相見時難別亦難──論人工智能的自然語言

二〇二一年七月二十三日《舊金山紀事報》報導了一則淒美的愛情故事：兩位因病到了二十多歲才念高中的 Joshua 和 Jessica，相互產生愛意，原本想結婚，但 Jessica 卻舊疾復發而過世。患有自閉症的 Joshua 一直走不出喪失愛人的陰影，直到二〇二〇年十二月份，他在論壇上閱讀到介紹聊天機器人的文章，便嘗試到這個「十二月計劃」機器人網站看看。

Joshua 選擇了「自定義人工智慧訓練」這個選項，這樣他就可以創造一個根據用戶保留的聊天記錄內容生成，擁有特定性格和知識背景的 AI 聊天機器人。Joshua 把他保留所有和 Jessica 談話記錄輸入後，Joshua 呼叫了 Jessica，便開始了談話，一聊就是十多個小時，就像多年不見的情侶，互訴這些年來的思念之情。

Joshua 在網上與 Jessica 這個機器人，往往一聊就是幾個小時。聊著聊著，中間 Joshua 就淚流滿面。哭累了就睡，睡醒了繼續聊，聊累了再睡。

經過四個月後，聊天的頻率逐漸降低，他不再像之前一樣深陷其中、無法自拔。因為理智告訴 Joshua，那只是一個 AI 機器人。但機器人卻彌補了這些年來無限的遺憾，它讓 Jessica 復活了一次，把他們之間沒說完的話說完，沒表達充分的愛意傳遞到位。現在 Joshua 願意把這段經歷分享到論壇上，也就是要告訴大家，他已經恢復，生活步入了正軌。

看了這個動人心弦的哀艷故事，可以了解人工智能的最新進展。這個稱作 GPT-3（Generative Pre-trained Transformer 3），正是針對人類自然語言發展出的技術。相對自然語言的就是程式語言，也就一般所稱的 C 語言、R 語言、PYTHON 等。

過往做個網頁要透過 HTML 把文字與圖片等資料展示在網上，如今透過 GPT-3 技術，只要輸入「一個很像蘋果官網的網頁」，就可以立刻生成一個如你要求有對應代碼的網頁。GPT-3 的技術，能直接理解人類的自然語言，並立即顯示使用者想要的效果，對應的代碼也同時顯現出來。

甚至有程式設計師覺得網站給使用者的用戶協議冗長艱深，不夠白話，給 GPT-3 外掛插件，就可以直接將用戶協議的法律條文轉換成通俗易懂的白話文章。當然也可以把白話文轉換成像法律條文的文字。

GPT-3 技術，用來練習的辭彙量超過三千億，幾乎囊括了目前網路上能夠看到的文字；並且設置一千七百五十億個參數。比如說，你要電腦辨識圖片中是的究竟是「貓」或「狗」時，「貓」和「狗」就是標籤（Label），「貓」或「狗」的差別（Characteristics）就是特徵（Features），而在 AI Model 學習過程當中為辯識特徵而隨之調整的數據資訊就是「參數」（Parameter）。

一千七百五十億個參數幾乎把我們能想像到的變化都計算進去，但二〇二一年一月，Google 推出了一個比 GPT-3 還要大好幾倍的自然語言處理模型 Switch Transformer，它擁有一・六萬億個參數。可以想像它的功能更是巨大的令人驚艷！

不過，由於 GPT-3 從網路上學習，所以資訊來源及偏頗與否都會影響其結果。例如：它寫的文章就曾被批對於女性及少數民族有歧視的味道；以及在特定專業領域上的問題，所給出的答案可能還不如小成本開發的 AI 軟體，所以它很難替代專家。當然它不是人類，對於人類故意提出來的無厘頭問題，不但不會迴避，甚至還可能給出莫名其妙的答案。

而最重要的問題是發展出這樣的技術，成本非常高。想想看，光是設定一千七百五十億個參數的蒐集和匯整就需要多少人力？還要多高規格的電腦來運算？如是，這樣的技術難免由大公司壟斷，也因此，階級差距勢必也越來越大！

尤其，跨國數位平台不僅在全球各地享有巨額利潤，還掌握了海量數據資訊。利用這些數據，研發出越來越聰明的人工智能，當我們與「人」從事虛擬溝通時，都不知對方是誰？是真的人類？還是擁有人工智能的機器人？而當人工智能聰穎如人類時，人類的許多功能是否會被人工智能取代呢？面對科技越來越發達，我們的未來究竟會如何變化？

讀書萬卷始通神——談人工智能的深度學習

一九九七年，IBM 開發的「深藍」電腦以二勝三和一負的成績擊敗世界西洋棋棋王卡斯帕羅夫（Garry Kimovich Kasparov），引起世人的注意；二〇一六年 AlphaGo 以四勝一敗擊敗韓國職業九段圍棋棋士李世乭，賽後韓國棋院授予 AlphaGo 榮譽九段的級別。

這兩場都由電腦擊敗棋王的事件，卻代表著人工智能不同階段的發展。上世紀的深藍電腦，是一種專家系統，由人類給與深藍電腦輸入規則，進行運算及推演，依靠電腦本身強大的運算能力擊敗人類。

這也是人工智能，從一九五六年由麥卡錫（J. McCarthy）等教授發起的達特茅斯夏季人工智慧研究計劃（Dartmouth Summer Research Project on Artificial Intelligence）首次定義後，一直認為的觀點，也就是「人類學習的每一個方面或智能的任何其它特徵原則上都可以被精確描述，以至於可以用機器來模擬它。」

經由巨大的算力可以推演出人類想像不到的結果。深藍電腦戰勝人類棋王就是透過強大的計算能力，估計出人類無法想像出的下一步戰勝人類。但這就是人工智能嗎？

伴隨著網際網路的盛行，累積的數據量越來越多時，算法、算力加上數據時，這時候的人工智能就不是我們想像中的樣子。科學家在研究人類的思考時，認為人類的學習過程是一種沒有規則的學習。比如說人類一看到狗的照片就知道這是狗，看到一個人的照片就知道這是男生或是女生，但要怎麼具體描述「狗」的特色，或是下個定義呢？

怎樣告訴電腦，照片裡的男生與女生有什麼差別？或許你會說細皮嫩肉的就是女生，但什麼又是細皮嫩肉呢？目前相當熱門的「深度學習」就是科學家透過大量數據，利用權重、偏差值等概念讓電腦自行計算出這就是「狗」的特色。

舉一個比較簡單的例子，每個人手寫的阿拉伯數字「１」都有些差別，科學家把「１」這個字可以拆分成七百八十四個像素，也就是七百八十四個格子，每個格子不是１（純黑）就是０（純白）的代號。然後再用數據庫中六萬多種的各式各樣的「１」，讓電腦了解這些都是「１」。

另外，當你要登入某個網站時，在你輸入ID及密碼後，電腦會再給你一組數字，要你辨別，證明你不是機器人。其實這組數字原始的組成就是古書數字化時，電腦辨識不出的數字，讓人類來辨識（據說其中會有一個數字是電腦可以辨識的，用這個數字來證明你不是亂寫）。如果相同的圖案，大多數的人都認為這就是某個數字，那麼電腦也就學習到這個圖案是某個數字了。

隨著電腦存儲能力的逐步增強，數據量的累積越來越多，電腦利用人類研究出來的「深度學習」對於事務的了解度越來越透徹。AlphaGo 就是學習了各式各樣的棋譜、棋局，自行發展出棋路。現在的人工智能已經可以作曲、繪圖，甚至於寫新聞稿，比如已有通訊社將每日股市收盤的新聞稿交由電腦來撰寫。而 Google 工程師就曾因透露 LaMDA 機器人已經可以同人類一樣表達情感、懂得思考與推理等而被公司開除。

面對著人工智能的深度學習，利用人類大量的數據記錄，再加上與時俱進的算力、算法，已經讓電腦越來與聰明。這就像當大型的數位平台服務提供者儲存著越來越多我們因使用而留下的數據記錄，而讓電腦智慧越來越高，看透人類的心思時，我們是否應該對於數據的管控，數位平台的管理要做重新對策思考呢？

大處落墨知細微——看大數據的應用

在數據分析領域中，有一則著名故事就是：大賣場在周五把啤酒跟尿布擺放在一起會提升銷量。因為周五來買尿布的父親，通常為了照顧小孩，周五夜只會待在家裡邊喝啤酒邊看電視轉播球賽。

雖然傳統分析是透過樣本檢測，來推估整體行為的可能性，但現今社會，由於科技進步而有辦法收集大量數據，爰利用大數據估算，而比傳統的抽樣加權來預測準確的多。尿布與啤酒，兩個不相干的產品擺放在一起可以促進銷量，就是利用大數據的分析獲得的結果。

何謂「大數據」呢？專家學者認為，大數據要具備4V的特性：

首先是巨量性（Volumn），目前手機的存儲量，256 G就算不錯。但大數據的數據量至少是TB起跳（1TB=1000G）；

第二是多樣性（Variety），現在購物網站可以對消費者推薦產品，就是它不僅掌握消費者網上購物的數據，還在消費者不知不覺間，根據消費者的上網行為，了解到年齡、性別、教育程度，白天及晚上所待的地點，甚至於工作性質、生活習慣都可以透過掌握的數據加以分析；

第三是時效性（Velocity），因為數據如流水，過時就沒用！像是地圖顯示即時路況，就需要最新的數據；

第四則是真實性（Veracity），比如手機拍照都有美顏的功能，但是大陸美顏軟體-美圖秀秀卻被美國消費者告上法庭，原因是不管白人、黑人，經過美顏後感覺都變成黃種人。

這是美圖秀秀的數據庫中儲存太多黃種人的數據，經過數據化的分析，把黃種人特徵變成所有人類的特徵，這就是數據庫的資料有問題導致的結果。

隨著大數據技術的崛起，商業模式的發展也開啟了新模式。以往我們從樣本去思考整體，有點「以蠡測海、以管窺天」的味道，但在這項技術興起後，我們看發展是從整體來思考細節的變化。就像Google，每天累積成千上萬TB的搜索資料，但懂得判斷的人就可以看出，美國舊金山地區搜尋咳嗽、流鼻水的人比較多，這個地區可能正預備爆發流感的提示。

而美國矽谷創投界也有個案例：酒吧的生命週期都不長，大概兩、三年就算不錯，有經驗的人感覺是店內酒保們在調酒時偷喝，不然就是有朋友來時，慷老闆之慨偷倒酒給朋友喝。這種損失由於很小，所以一般老闆也很難發現，但積少成多，最後對成本影響很大。有位A先生注意到這個現象，就用物聯網及大數據技術設計了一套解決方案。

A先生把酒架上每個放酒的架子下都裝了測量重量的傳感器，並在每個酒瓶上貼上無線射頻識別系統（RFID）。這樣子店內的每瓶酒什麼時候倒了多少量都非常清楚。這套系統，不僅預防了酒保偷喝酒、偷倒酒，並且透過數據的累計，可以了解什麼酒快喝完了、什麼酒最暢銷、什麼酒在什麼季節最受歡迎、每天銷售情況分析等非常仔細的銷售數據。

如果再與矽谷地區其他酒吧的數據相比較，就知道該地區什麼時候的什麼酒類銷售比較好，以及該地區整體酒吧市場狀況。從此之後酒吧行業不再是憑經驗、憑感覺經營，而是可以透過資料的分析來科學營運。

當有了大數據的技術後，只要能從海量的資料中，掌握相關的資料，並做出明智的抉擇，那整個經營模式就不再是瞎子摸象，以偏概全，而是有依據的逐步進展。

因為有了文字的出現，把人類的活動記錄下來，所以「文明」誕生了！現在大量的數據出現，並被記錄下來，我們生活是否會進入「數據文明」的時代？在「文明」時代中，我們所追尋的「人權」；到了「數據文明」時代，是否就變成了「數據權」了？我們該怎麼因應數據文明時代，對我們生活的衝擊？真的值得好好深思！

花開堪折直須折——談行動通訊產業發展

在萬頭攢動的巨星演唱會上，粉絲們隨著音樂大聲吶喊，更拍下照片想要發給朋友。但在萬人演唱會裡，卻突然發現怎麼手機裡的通訊軟體都發不出任何照片？有人陪著朋友來看演唱會，心裡頭百般的不願意，所以就想用手機玩遊戲，明明剛剛還可以順利發射子彈，怎麼現在連線都卡卡的，按了老半天，子彈就是射不出去？

從第一代行動通訊技術－模擬信號開始，手機就影響著人類的一舉一動！拿著號稱可以拿來當武器打人的黑金剛手機，似乎代表著身份地位的象徵，但是通話時總是有些許雜訊，讓人對通話品質十分不滿。為了改善吱吱喳喳通話雜音，將模擬信號改變成數位訊號，也希望這個訊號全球可以通用，所以將所謂的分時多工TDMS通訊技術，叫做GSM（Global System for Mobile Communications），期盼全球一家，只要拿個手機，無論到天涯海角都可以聯絡上。

然而，世界一哥的美國偏偏就不用這個系統，改用分碼多重進接（CDMA）技術，稱為 cdmaOne 與眾不同，讓世界各國的手機到了美國就失效，非得用美國自己的手機才能找得到人，至於日本跟韓國也有各自的系統。如果各位有印象，應該還記得在使用 GSM 手機時，到日韓遊玩，要在機場租用手機漫遊。

CDMA 和 TDMA 的技術差別，就好像許多人在同一個房間裡兩兩相互說話，CDMA 就是一組說中文，一組說英文，一組說俄文，一組說⋯，同時各說各的話，也聽不懂別種語言，所以兩個人還是溝通的很順暢。而 TDMA 就是各組說著都是相同語言，但第一組先說一個字，然後輪到第二組說一個字，再輪到第三組說，彼此依照順序來說話。

不管是使用 CDMA 或是 TDMA 的技術，但當蘋果公司推出 iPhone 後，手機上的應用軟體大幅成長，發現到原本的行動通訊，就只能打打電話，發發簡訊。如果想愉快使用這些應用軟體，網路速度根本跟不上，於是第三代行動通訊趁勢推出，採用 W-CDMA 技術，而美國有些通訊公司將原來的 cdmaOne 技術改成 cdma2000 技術。

隨著應用軟體增加，視訊、動態畫面也開始多起來。原本第三代行動通訊的速度又跟不上了，於是第四代行動通訊技術橫空出世，整合了原來的 CDMA、TDMA 等技術，演變成 LTE 技術。這時候用手機上網跟用個人電腦上網的速度已經是不相上下了。以往要在個人電腦上才能完成的事，現在一機在手，都可以完成。手機已經成了我們日常生活必備的東西。

現在使用手機，或許還感覺不到連網的不順暢。但是隨著科技的進步，預估馬上萬物都要連網，也就是物聯網的時代來臨時，電動汽車要連網，它可以自動駕駛；冰箱要連網，它可以自行添購用盡食物；上課、看醫生都要連網，但所有的事情都要連網時，頻寬就不夠了，速度就不夠快了。

舉個現實的例子，美國紐交所位於美國東岸，如果兩個人在同時間分別在美國東岸紐約市及西岸洛杉磯下單買股票，東岸下單人的指令一定比西岸下單人的指令先到紐交所，這中間差了一百毫秒，正是所謂的失之毫釐、差之千里；電動車自動駕駛時，可能也會因為這個毫秒的差別而避開一場車禍；視訊手術時，這個毫秒的差別，可能就可以挽救一條生命。

因此當越來越多東西需要連網，更需要即時反饋時，更大頻寬及更快速度的 5G 技術的確是需要的。目前我們的 5G 發展，是將頻譜標售後由民間公司自行發展。在台灣大哥大合併台灣之星，遠傳合併亞太電信後，取得5G頻譜的公司就剩中華電信、台灣大哥大及遠傳電信三家公司，相信他們在花了大把費用取得5G頻譜後，一定會有效的運用及發展。

政府部門只要不抑制這些公司的發展，相信我們5G的運用一定也可以鴻圖大展，與世界同步，終究民營公司的效率總是比政府行政單位要好。但是5G的普及，其基地台的數量設置要比4G基地台數量多很多，而每個基地台的用電量又比4G基地台的用電量要大很多。

在目前我們缺電、跳電、斷電頻頻發生時，這對電信公司發展5G是非常的不利。也因此希望政府能要求台電做好電量的管控，不要三不五時停電，跳電、斷電，讓基地台設備受損，讓大家的手機連不上網，不能打電話，不能使用手機上的應用軟體，那就是萬幸了！

眾裡尋他千百度——電池產業的未來發展

當電動車上市時，不少人認為充電時間太久，不如加油方便。就此，支持電動車產業者則指出，未來電動車開到充電站就是直接換電池，所需時間跟加油差不多。但隨著電動車的逐漸普及，除了電動機車有換電站，電動汽車的換電站迄今仍如海市蜃樓般，不見蹤跡！

究其主因仍是成本問題，畢竟蓋個汽車電池換電站，少說也要上千萬元成本，而各家電動車電池的構造又不一樣，因此換電站只能為自家汽車電池服務，如果自家電動車銷量沒有達一定數量以上，換電站成本根本無法回收；此所以換電站迄今仍只聞樓梯響，不見得人下樓！

但全球電池市佔率最高的寧德時代終於推出換電站，並挾其為多家車企代工電池優勢，宣稱該換電服務可以適配全球八〇％已上市和未來三年要上市的純電車型。電動車只要開發適配的換電支架，就可以到寧德時代的換電站更換電池，配合機器的運行，號稱一分鐘就可以換好電池。

伴隨著電動車逐漸成為汽車產業的主流，占電動車成本近四成的電池，一直是各方矚目的焦點。首先是電池的續航力的問題；究竟充一次電，電動車可以跑多遠？何況，在不同的環境下，以及車上使用電力的配備是否全開啟等，也都會影響電動車的續航力。以目前的技術而言，充滿電大概可以跑個三、四百公里左右不成問題。有些車款甚至還可以跑到六、七百公里左右。

其次，電池的成本下降，電動車的售價就會跟著下滑，所以各大車廠無不想盡辦法降低電池的成本。電池主要由正極材料、負極材料、電解液、隔離膜四大部分所組成。以目前主流的電動車電池多為三元電池，正極材料包含鋰、鈷、鎳、錳或鋁等金屬；負極材料則有碳系材料，像是人造石墨、金屬化合物銅箔等。

但受到俄烏戰爭的影響，許多礦產原料價格大幅上漲，像前不久所謂的妖鎳之亂，就是鎳價狂飆的原因。再加上電動車產量增加後，電池用量也隨之增加，相關的礦產需求量也隨著水漲船高，特別是最主要的碳酸鋰。Trading Economics 數據指出，中國碳酸鋰價格在二〇二一年飆升四八六％之後，隨後持續攀升，目前已經到了每噸五十萬人民幣左右。為了降低成本，像是寧德時代、比亞迪等公司都往上游發展，在全球各地收購鋰礦山。

而鋰礦會不會像石油一樣，所有存量都被開採殆盡呢？如果人類持續製造電池，這是絕對有可能發生。但該如何預防呢？像是寧德時代推出的換電模式，由電池廠來維護電池產品，可以延長每顆電池的壽命，而且透過交換的模式，全球所需的電池量，會比每輛車自行用自己的電池的數量要低，這對延緩鋰礦被開採殆盡都有正面的幫助。

此外，也有廠商研究新的技術，像是鈉離子電池，鈉可以說是地球上隨處可得的礦產，鹹鹹的海水中有氯化鈉的成分，就可以提煉出所需的鈉。此外，目前廠商積極研發的固態電池，採用鋰、鈉製成的玻璃化合物為傳導物質，取代以往鋰電池的電解液，也可以大大提升鋰電池的能量密度。

電池產業發展，目前正是百花齊放的階段，在電池的每個組成部分，台灣都有相對應的廠商正在努力研發生產中，行政機關應該考慮透過租稅減免等獎勵措施來協助廠商發展。

但也要記住 WIMAX 這個被政府認定是未來無線通訊主流，而要求台灣廠商傾全力發展，後來卻因主導的 Intel 公司放棄這項技術，導致全軍覆沒的失敗案例及教訓。

隨著時代進步，技術發展千變萬化，民間接近市場，才了解市場的變化，行政單位千萬別再自以為是，重蹈覆轍，再次做出錯誤的決策。

無數英雄競折腰——論自動駕駛的發展

根據統計數據顯示，交通事故超過九成是人為因素造成。包括：注意力不集中、疲勞駕駛或酒駕等。因此，未來車輛自動駕駛後是否交通事故就會減少？

美國運輸中心研究報告指出：美國道路上如有九〇%汽車是自駕車，則事故量將從每年六百萬下降到一百三十萬；死亡人數也將從三萬三千人下降到一萬一千三百人。因此，自動駕駛已成為交通事故降低的方法之一。其實，美國喬治梅森大學（George Mason University）公共政策研究所早已著手探討智能汽車高速公路系統（Intelligent Vehicle Highway Systems）並規劃在高速公路的兩旁欄杆上裝上感測器，當汽車開上高速公路後，就由感測器背後的控制中心來遙控汽車的行駛。

其次，美國國防高等研究計劃署（DARPA，也就是Internet的開發機構）鑒於九一一事件後，美軍在阿富汗及伊拉克執行勤務時，經常受到當地土製炮彈的襲擊，士兵傷亡嚴重等情；也規劃在二〇一五年後，至少有三分之一軍用車輛採用自駕方式，以減少士兵傷亡。所以在二〇〇三年加州洛杉磯東北方沙漠也舉辦了第一屆機器人汽車比賽。

從二〇〇三年的比賽到現在，自動駕駛領域的發展可以說是一日千里。目前更分成兩個派別，一是以特斯拉為主，以成像攝影機為主，輔以毫米波雷達，再加上電腦算法、圖像識別技術做為路況判斷標準。據悉，特斯拉公司認為人類及動物都是以眼睛看到的景象來做判斷，所以用攝影機來捕捉影像並加以判別，較符合人類思維的做法。

另一個派別則是以Google等公司，以光學雷達（Lidar）為主，輔以成像攝影機，透過電腦算法、圖像識別技術來判斷路況。此類車輛因而可以在伸手不見五指的黑暗道路行駛；但是，因為反應成本，一輛佈滿光學雷達的自駕車售價自然不低。

未來究竟是那一派別獲勝，或是合而為一，目前還難以論斷。雖說目前光學雷達成本較高，但未來如能大量生產，價格也可大幅下降，而可提供車企多裝光學雷達的誘因。至於圖像辨別技術如能更加盡善盡美，而在極短的時間內辨別以降低失誤率，自然可被多加利用。

無論如何，隨著技術的精進，未來自動駕駛的發展應不可限量。試想：未來透過自動駕駛及共享電動車，民眾的出行就可下指令，讓所在位置附近的無人駕駛共享汽車開過來；遠較走到停車位開車更節省時間；到了目的地，也只要下車就可以，不僅方便，更能節能省時。

祇是，隨著自動駕駛的發展，也有許多問題值得探索。舉例而言，目前談論最多的就是道德問題。當汽車由自動駕駛來控制時，如果遇到緊急狀況必須轉彎，假設車子右轉會撞死五個路上玩耍的小朋友，左轉則會撞死一名在路上行走大人，那自動駕駛該如何判斷？

這就像媽媽和妻子游泳快溺死了，丈夫要先救那個人一樣的無解。但是電腦不是人腦，需要事先在程式裡就設定好，或許這就是自動駕駛仍為人所詬病的原因之一。

此外，自動駕駛的保險也廣受質疑。例如：自駕車發生事故時，被害人是向汽車所有人求償？還是向自駕車技術開發公司求償？畢竟自駕車的事故歸責多與其設定相關。

總之，自駕車前進的道路雖然充滿荊棘，但技術的發展還是能夠解決部份人為因素的缺陷和困境。加上電動車的發展已經勢不可擋，伴隨著電動車的自動駕駛更是躍躍欲試。自動駕駛所需的硬體設備，台灣已有相對應廠商研發中；祇是軟體部分，似乎仍需要政府積極輔導。

期待在產官學共同努力下，在自駕車的領域上，台灣的企業也能與國際企業平起平坐，再創台灣產業奇蹟！

聞道飛車十萬程——電動汽車產業

自國民政府播遷來台後推行的經濟政策，從耕者有其田、食品加工業、輕工業的陸續發展，可說水到渠成。但從輕工業轉型至重工業時，中鋼的興建，雖還算成功；但之後的大汽車廠及重車廠的合作，卻都踢到鐵板。

失敗原因林林總總，尤其汽車產業沒能發展成功，始終是政府心中的痛。畢竟，透過汽車產業的「火車頭」工業特質，應可帶動機械、電子、橡膠、塑膠、鋼鐵、玻璃、油漆等相關產業的發展。當時如能發展成功，則一年二十萬輛汽車百分百的自製率，台灣的產業如今或許又是另一番風貌了！

還好當時的行政院科技顧問會議，在美國國家科學院前院長賽馳博士及德儀（TI）公司董事長海格第建議及協助下，積極投入並發展電子與資訊產業，而奠定了今日的電子、電信、資訊科技發展與應用；並從上游的IC設計、晶圓代工，一直到下游組裝、整機等產業鏈。不論是台積電或是其他在國際電子產業佔有舉足輕重角色的公司，也都是從那時逐步發展起來！

如今伴隨著全球暖化，各國對於碳排放的問題逐漸重視。從京都議定書、巴黎協定，一直到近期的格拉斯哥氣候公約，許多國家已經確定二〇三五年開始禁售燃油汽車，只能銷售電動汽車。台灣則希望在二〇四〇年起只有電動汽車的交易。

從各國限制燃油汽車銷售的趨勢來看，全球汽車產業將會有翻天覆地的變化，電動汽車也將逐漸位居主流地位。彭博新能源財經（BNEF）認為電動汽車銷量將在二〇二五年升至二千零六十萬輛；而國際能源總署（IEA）調查報告也指出，預計二〇三〇年全球電動汽車數量將達一億四千五百萬輛。

在燃油車時代，台灣的汽車產業始終被批評無法將燃油車中最重要的零件－引擎做好；但進入電動車時代，引擎沒了，改用馬達。而一台燃油車需要的晶片大約四十種，但電動車需要的晶片數則高達一百五十種；甚至隨著車輛功能逐漸提升，所需的晶片數量也祇會越來越多。

眾所周知，晶片產業正是台灣幾十年來深根發展最好的產業，全球產業迄今也深切依賴台灣晶片的供應。足見台灣已具備發展電動車的優勢！

其次，由於電池也是電動車中重要的要素；而台灣的電池產業，也正與其他各國同步發展。另外，電池主要材料－正極、負極、隔離膜、電解液，台灣也均有致力研發、生產的廠商。只要繼續持之以恆，相信一定會有好成績！

雖然，目前國產電動車品牌，只有裕隆的納智捷，以及鴻海即將推出的新車；但據說蘋果電動車可能找鴻海代工。另外，在施振榮先生的微笑曲線中，雖然代工是利潤最低的做法，但這仍是台灣產業中最擅長的一塊，而值得借力使力，快速切入。

何況，高承恕等專家也曾表示台灣代工業，是將同學、校友間人脈關係發展到淋漓盡致的體現，此從科學園區廠商間產品的相互快速支援，往往祇憑一句話即可驗証。期待台灣今後還能利用這種獨特優勢將電動車代工產業發揚光大。當然，建立自有品牌，才能將利潤極大化。因此，更希望台灣的電動車產業終能有自有品牌，並成為台灣日後的核心產業之一。

農夫插秧，是一株一株地插；工人砌磚，也是一塊一塊地砌。值此汽車產業改朝換代的時候，正是將台灣累積四十餘年的電子業技術再度發揚光大的時候。我們曾經以一步一腳印的方式，逐步發展並在全球電子產業中佔有至關重要的地位。如今更是台灣再度嶄露頭角，完成過往未竟之志的時候。

雖然在風雲際會的燃油汽車產業關鍵發展中沒有跟上，在英風浩氣的大汽車廠政策制定上沒能執行好，但在電動車取代燃油車的產業大局下，應可如水之就下，沛然匯流，一發不可收拾的契機。就此，政府真應秉持過往發展電子產業的精神，大力支持；而產業界更要掌握此一千載難逢的機會，奮發向上，以開創台灣產業界新的輝煌時刻。

NFT的前世、今生與來世

饒舌歌手MC HotDog發行了一首歌——「NFT」，描述疫情時代荒謬的虛擬世界。不料，竟被有心人士拿到全球最大NFT交易平台OpenSea發行NFT。就此，MC HotDog及其經紀公司也發聲明稿，表示這個項目與他們無關。

由於NFT項目涉及著作權等各種智慧財產權。即便我在立法院一再提醒並督促行政單位，迄今，台灣對於虛擬世界的相關問題仍舊沒有主管機關。只是以防制洗錢及打擊資恐的名義塘塞，碰到問題也祇是頭痛醫頭、腳痛醫腳，並沒有系統性思考虛擬世界的種種問題。行政院長蘇貞昌雖曾於去（二〇二二）年四月一日在立法院表示要在一個月內確定主管機關，但直到現今，都過了一年多，承諾依舊跳票！

反觀世界各國則紛紛思考虛擬世界的管理與紛爭解決方式。以歐盟的《加密資產歐盟市場法》（EU Markets in Crypto-Assets Act）為例，就把行業分成NFT（或虛擬工具）、Stablecoin（其價值需要與現實世界的資產掛鈎）及數位貨幣（digital currencies）三種不同類型。美國總統拜登也已於三月九日簽署行政命令，確保數位資產將負責任地發展；四月初，美國財政部長葉倫更針對數位資產發展公開演說。

連對岸的中國大陸在其民法典第一百二十七條都規範，法律對數據、網路虛擬財產的保護有規定的，依照其規定。這就意味著不論虛擬財產能否在日常生活中消費，也屬於個人的私人財產，其他人不能非法侵佔。

受到社群媒體發展影響，現代人幾乎已經離不開臉書、IG、Line。不管現實世界中受到什麼樣的挫折，總可以在臉書上張貼家庭幸福美滿的文章，在IG裡展現到處享用美食的照片，在虛擬世界中表達美好生活的一面，讓局外人認為你的人生是美好的。或許下一代，虛擬世界與現實社會可能就是兩個相互平行的時空，所謂的一體兩面，在這裡就展露無遺。一個人在現實社會裡或許只是公司的小職員，但在虛擬世界中卻可能是指揮千軍萬馬的領導者。

至於虛擬世界中虛擬物品的各種權利，也可能透過區塊鏈或其他表彰。其實，目前手游、桌遊裡購買的裝備，其所有權早已可以在相關平台上交易；祇是台灣目前仍乏專法規定，也祇能透過傳統的法令解釋，以準用相關規定。

此外，隨著大數據技術的發展，數據為王，亦即誰掌握數據就等同掌握一切。用戶在臉書或其他平台的瀏覽、貼文等記錄，只有該平台及處理相關訊息的設公司知道，別的公司無法獲取；而用戶登錄平台後，平台業者也就知道用戶是誰及其興趣與偏好。

如果以 Amazon 為例，它早就透過交易記錄掌握了用戶的消費行為。所以只要一登錄 Amazon，它會一直推薦用戶想買的東西。而許多網站業者常用 cookie 等技術，將使用者的瀏覽紀錄等資訊加以紀錄與辨識，並進行暫存，等到下一次瀏覽相同發布來源的網站（網路伺服器）時，就會透過網頁瀏覽器遞交給網路伺服器。因此，當用戶重新造訪購物網站，而前一次放入購物車中的商品仍然保留，或是推薦商品依舊顯示在螢幕上。所以，現在歐美各國紛紛限制這些科技公司對於個人資訊的掌握。

日後，但儲存 NFT 等資料的公有鏈技術完備後，雖然公有鏈上的資訊可被查取，但因該等資料係附屬於特定數字錢包上，廠商只知道有這個數字錢包的人會有這樣的作為、想法、習慣，但是誰擁有這個數字錢包卻不得而知。借此，而使個人隱私與行為數據就此分道揚鑣。

比如說，Nike 發行 NFT 球鞋，未來如果也有廠商要發行虛擬球鞋，它可以在公有鏈上很輕易的找到曾經購買 Nike 的 NFT 球鞋的數字錢包，至於這個人是誰，廠商就不得而知。

這對於未來行銷推廣會產生革命性的變化，因為透過去中心化區塊鏈的技術，廠商可以收集到大量且完全真實的資料。因此廠商在推廣一個產品時，它可以很容易預估到市場大概有多大的需求，不用透過投放大量廣告，或者異業結合來收集數據。而且可以把廣告精準的投放到數字錢包上，讓數字錢包擁有者知道又有相關產品發行了。

四十多年前，當我們看到黑金剛手機，那個像磚頭可以砸人的手機時，誰可曾想到未來每個人都要隨身攜帶它？十五年前，賈伯斯說他重新發明（reinvent）手機時，誰可曾想到未來每個人只要有一隻手機就可以什麼事都搞定？

隨著科技的演變，只要有一、兩個殺手級應用出現，我們的生活將會為之改變。隨著社群軟體的流行，我們越來越倚重虛擬世界的表現！如何讓虛擬世界制度化、合理化、人性化，我們現在就應該要開始全盤化的思考，切勿見樹不見林、以管窺天、以蠡測海。

正視區塊鏈發展　趕上全球腳步

全球金融與科技進入重大變革期，區塊鏈與金融科技正是帶動這個變革的核心基礎之一，也是台灣不能忽視或迴避的下一世代競爭力發展方向。

但讓人遺憾的是，雖然虛擬貨幣與區塊鏈議題這幾年正夯，偏偏內閣對於區塊鏈與加密貨幣等相關技術與產業非常陌生，導致行政官員對這類新興科技懷抱戒慎恐懼態度，備詢時總是左閃右躲，能閃就閃，更是一問三不知；深怕成為虛擬資產或區塊鏈相關產業的主管機關。但是，世界在進步，官僚體系持續無知、無為、無能與無感，害得產業遲遲沒有主管機關，產學界有問題該找誰？

政府原本就不該只是個監督者，而更應具備輔導與整合的功能。以區塊鏈技術為例，金融科技與區塊鏈結合既是眾所公認的趨勢，政府就應該有戰略高度，協助業者跨領域發展具有競爭優勢以及便捷的新形態服務！

何況，在網路邁向 Web 3.0 新階段的時刻，這種基於區塊鏈去中心化的世界，包括 NFT、加密貨幣及元宇宙等，已與 Web 3.0 發展密不可分，而相關技術亦早就存在。遑論，各國政府為了在未來產業界打下根基，無不費盡心思，想要搶占 Web 3.0 先機，也紛紛推出各式政策，並藉由完善的鼓勵及監管制度，提升其經濟與科技實力。也因此，台灣產學界早就進入相關領域並一直等待政府跟上時代的腳步。

目前除了大陸和美國早已積極投入外，就連鄰近的日、韓、新加坡等國，也早已確定虛擬資產的納管及規畫。以韓國為例，至少已提出十一項與虛擬資產相關的法案、四項電子金融交易法修正案、二項特定金融資訊法修正案和一項關於金融服務的法案。

日本則是在既有法規下，由執政的自民黨公開數位政策白皮書並呼籲「走向每個人都可以使用數位資產的時代」，還要求制定指導方針，以有利日本國內具有優勢內容的產業得以全速發展。

至於香港、新加坡更是積極爭奪虛擬資產基地的龍頭地位。就此，香港政府已著手以前瞻思維引領創新；影響所及，全球最大虛擬貨幣交易所幣安公司也計畫到香港設分公司。新加坡也早從二〇二〇年一月起，就允許當地運營加密貨幣交易業務的公司，得以申請「數字支付代幣」牌照。

相較之下，綠色政權依舊政治掛帥，也只知選舉維持政權，卻無心國事。單是指定虛擬資產的主管機關，竟然就花掉一年的時間。可見綠色政權牛步化的腳步，完全趕不上時代潮流，也無法因應新興科技衝擊所帶來的外溢影響。綠色政權的無知、無為、無能和無感，不但導致產業因為沒有主管機關而無所適從，更延緩或阻礙了台灣區塊鏈科技發展的腳步！

不論歐美國家或中國大陸，對於虛擬資產及相關技術的衝擊與因應早已嚴陣以待。綠色政權就算再無為，也應正視新興科技帶動的新形態產業與金融樣貌，並參酌各國規範，設計適合我們的制度與規畫；絕不該視而不見民間需求或掣肘產業發展。

這種單就NFT的主管機關迄今未定，行政院也能無視前行政院長蘇貞在去（二〇二二）年四月一日因應我的總質詢答應在去年五月分確定主管機關，繼續跳票至今乙項，就可以証明綠色官員們的怠惰和與世界脫節！

令人哭笑不得的是，行政院居然花費一整年時間，才趕在我今（二〇二三）年總質詢的前一日（三月三十日），才確定由金管會出任金融投資或支付性質之「虛擬資產平台」主管機關。金管會還特別釐清，它主管的業務並未涵蓋所有區塊鏈和加密貨幣，而限於具有金融投資和支付性質的虛擬資產，且也只是要求業者自律。也因此，我一年前提及的NFT主管機關，至今還是妾身未明、無人監管，各部會也仍在持續推託中，只有「傳言」將由新成立的數發部負責。

近來層出不窮的加密貨幣詐騙導致民眾受傷慘重，與政府長年漠視金融科技、虛擬資產及網路交易等息息相關。同樣的，政府畏懼新事務、不願面對新興科技的保守心態，以及故步自封、害怕決策的官僚作風，不僅對產學發展毫無幫助，也限制了國人的出路和國家的未來！長此以往，台灣IT強國的優勢恐怕只能拱手讓人！甚至國人的權益受損時，恐怕也祇能像FTX事件一樣莫可奈何！

負責的政府該為產業打造健康的生態。拜託政府正視當前區塊鏈發展困境與挑戰，尤其高高在上的官員們，就別再互相踢皮球，阻礙民眾與產業的發展。也拜託官員們心中別再祇有選舉，請好好檢討改善我國金融科技發展的環境，至少做點正事。真心期待我們的區塊鏈產業能在產官學者齊心合作之下，蒸蒸日上，好讓「立足台灣、放眼國際」的夢想成真！

韓流來襲　BLACKPINK帶來的省思

韓國女子天團 BLACKPINK 來台演出引起旋風，包括大批國內藝人競相朝聖，讓人見識到韓流的世界級威力。只是讓人稱羨、佩服之餘，聽到文化內容策進院蔡嘉駿院長評估，台灣要打造出像 BLACKPINK 這樣等級的「頂流女團」，要花十年的時間從資本化、國際化兩路追趕。不由得讓人擔心，政府有足夠的決心來發展文化產業嗎？又以什麼內容來發展文化產業呢？

尤其，美國矽谷銀行倒閉事件令人回想起一九九七年亞洲金融風暴時，韓國因面臨短期外債六百億美元而陷入金融危機，但隨即發憤圖強，並在接受國際貨幣基金（IMF）五百八十億美元援助計劃後，全力打造寬頻網路的基礎建設，積極投入以內容為主的文化產業，而能在廢墟中迅速崛起，有今日的影音產業鏈實力！

藉由遍及四處的寬頻網路，韓國電腦遊戲產業異軍突起；透過引人入勝的內容，《楓之谷》、《天堂》等遊戲更是讓玩家沉迷，無法自拔。隨後韓劇、韓國電影逐漸興起，《藍色生死戀》、《大長今》等製作精良的電視劇看得大家如醉如癡，韓國一躍成為主宰文化產業的霸主，不僅韓劇行銷全球，《魷魚遊戲》、《寄生上流》更掀起世界性收視熱潮，大獎無數。

再加上BLACKPINK崛起前，BTS防彈少年團風靡全球，不僅獲得美國葛萊美獎提名，登上Billboard Hot 100和Billboard Global 200的榜首，還在聯合國大會的三屆會議上發表了演講，也在二〇一七年與聯合國兒童基金會（UNICEF）合作發起「LOVE MYSELF」反暴力運動。更以「下一代領袖」的身分登上《時代雜誌》的國際版封面並被稱為「流行音樂王子」。

韓流的衝擊是全面性的，從時尚到流行，從綜藝到戲劇，全球傾倒，進一步實現韓國演藝圈的國際化。連續幾年下來，為韓國帶來無可限量的產值與商機。

反觀台灣，我們的文化產業曾是華人文化圈典範，我們的歌星、電視劇、電影、流行音樂、偶像明星不僅流行於中國大陸，在東南亞各國甚至韓國也是普受歡迎。特別在台灣錢淹腳目的時代，我們的演藝人員出國表演，受歡迎的程度不亞於現在BLACKPINK；台灣流行音樂更曾站在亞洲華語市場的頂端，到台北小巨蛋開演唱會更是攀升頂流明星的必經之地。

可惜的是，相較於韓國透過文創領域創造出讓人嚮往的文化氛圍，並隨之刺激消費買氣，創造商機；我們的文創產業並沒有持續積極成長，如今不但產業規模有限，也沒有舉足輕重的世界性影響力，甚至包括兩岸三地在內，台灣文創的影響力也因此起彼落，正在式微中。這幾年但求歲月靜好、小確幸的執政官員真要急起直追，避免這場國家競爭力的賽局持續越拉越大。

其實，這些並非「資金」問題，此由文化部監督的文化內容策進院手握百億國發基金就可得知。但我們的文創產業到底要向世人展現什麼？向世界行銷什麼樣的美好生活範式？又要挖掘那種深層的文化底蘊好讓產業茁壯？來自世界的多元消費者能夠甘心買單？恐怕才是根本的問題。

AI國會質詢初體驗——當官員被AI超車，該哭還是該笑？

聊天機器人ChatGPT橫空出世，透過其生成式人工智慧夯爆全球，連一向反應遲緩的官員也說，要邀請民間業者參與共推台版ChatGPT，並介接國際。姑且不論這張支票何時能兌現，最讓人擔憂的是，透過AI機器人應用於國會質詢的初體驗，一旦當政府官員對現實理解的能力與格局遠遠落後AI時，我們到底該為人工智慧的快速進步感到興奮？還是該為不專業官員可能被AI取代而擔憂？

眾所周知，AI並不是全新的科技，優秀軟體工程師在國內也比比皆是；同時ChatGPT祗是OpenAI研究成果之一，自去（二〇二二）年推出3.0版後，迅速竄紅，現已進展到4.0版，當使用者以文字輸入提問或敘述，即可分析文本，開展問答對談與資料搜尋、分析，甚至可以撰寫論文、小說、文案、報告、歌詞或劇本。

也因此，當我在立法院院會中質詢時，就臨場用ChatGPT做了個小測試，看AI技術能不能協助問政，試試官員水平。這應該也是國內首度應用AI機器人協助質詢行政院長。這或許也是國內首次以AI設定題目質詢官員的首例。

當然，我們希望透過AI技術客觀了解民眾需求和關注的議題。據此，我們向ChatGPT提出的問題是：「我是中華民國的立法委員，打算向行政院長質詢台灣目前面臨的經濟問題。請以學者專家的身分列出流量大、網路討論最多的三項議題」。不出所料，ChatGPT隨即列出「台灣產業結構轉型」、「數位經濟發展」、「國際貿易環境變化」。持平而言，它的回答正是當前台灣經濟面臨的重大挑戰。尤其，ChatGPT能輕易地歸納出上述三項，也足見相關訊息應屬眾所週知的常識。

首先，台灣產業結構轉型，一直受專家與媒體關注。相關議題諸如過度依賴半導體業、傳統產業轉型瓶頸、配套基礎建設不足等，都是台灣經濟再進階躋身頂尖經濟體所繞不開的難題。ChatGPT回應更直指：台灣的經濟發展過度仰賴製造業，而如今全球化的產業結構遽變，再加上國際貿易環境變遷等，產業面臨逆境，而急需轉型升級。就此，政府應有因應策略與具體計畫，以促進台灣產業轉型升級。

尤其，政府常說要照顧中小企業，但總是口惠而實不至，連《產創條例》修正卻獨厚台積電等世界級的企業，如此輕忽傳產面臨的困境，又何來轉型的動力？

至於「數位經濟發展」的提問更是一絕，與上一項台灣產業結構轉型環環相扣。畢竟數位經濟是當前全球經濟發展主要趨勢；數位化、智慧化便是當代產業轉型仰賴的重要技術基礎。隨之配合數位經濟、金融科技等，才有辦法系統性升級。然而，台灣在此領域的發展相對較為落後，偏偏我國數位經濟發展如今又走入多頭馬車的窘況，個人資料歸國發會，經濟發展歸經濟部，數位產業歸數發部，金融科技歸金管會。各部會各玩各的，又如何及時發展出健康的數位經濟生態呢？如何提升台灣的競爭力？

更令人遺憾的是，原本各界給予厚望期待的「數位發展部」，如今成了領兩百多億預算，只會做 App 的部會，實在令人啼笑皆非。甚至就以 ChatGPT 為例，早在二〇一五年，OpenAI 這個非營利組織由 SpaceX 及特斯拉等創始人 Elon Musk 投資一百億美元創設，台灣 IT 人才濟濟，卻因綠色政權始終政治掛帥，無心科技與研發；等到如今火紅了，國科會才說要發展，至少慢了八年，如想佔有一席之地，談何容易！我們的政府擁有所有國家資源，且預算連年破兆，再加上特別預算一而再、再而三的編列，卻不如一個民間企業家，不知道會不會感到羞恥？

至於「國際貿易環境變化」主題，ChatGPT 的提問則扣合了台灣以出口經濟為導向，屬於海島淺碟式、仰賴國際貿易的經濟體特質，可說是切中弊病。尤其台灣對外經貿等同於國家命脈，國際經貿環境有變化，我國經濟一定受影響。最明顯的例子就是二〇〇八至二〇〇九年金融海嘯，台灣經濟受到波及甚深。如今則深受中美貿易戰、新冠疫情、全球通膨、俄烏戰爭、美聯儲升息等國際情勢影響而飽受衝擊。

因此，不論貿易保護主義、經濟制裁或其他全球貿易環境變化，對台灣經濟發展也都有不同程度的影響。也因此，政府更應預先提出因應策略，以應對國際貿易環境的劇烈變化。可見，ChatGPT的論據確實有水準，也符合當前的經濟情勢。可惜當我質詢時，以同樣的問題，請教陳建仁院長時，他只回答出「通膨」、「全球產業鏈」、「原物料成本上揚」三項。雖然這三項也都是媒體關注焦點，但讓人擔心的是，就廣度和深度而言，陳院長的回答顯然落後AI太多。

殊不知「通膨」與「原物料成本上揚」本是一體兩面，也與「全球產業鏈」同屬「國際貿易環境變化」範疇。陳院長身為行政首長，理應對基本台灣經濟挑戰的大局觀有所掌握，起碼要看到台灣當前經濟隱然面臨危機，尤其出口連黑、景氣燈號表現欠佳等嚴重問題。更令人遺憾的是：官員竟不知現在適逢「數位經濟發展」的時代，而台灣的產業也急待「轉型」。試問，如果無法理解台灣面臨的困境，又如何能帶領國家往正確方向前進？

AI機器人還有學習的空間與能力，也因此ChatGPT未來的應答只會更精準、質量更好，甚至更具參考價值。相對而言，當政府官員對現實理解，已經遠遠落後AI時，我們到底該為政務官的不稱職感到悲傷難過，還是該為人工智慧的進步、一日千里而感到興奮期待呢？台灣人民又會不會期待AI快點取代不專業或怠惰的官員，好讓國家向前進呢？

散戶起義VS避險基金　GameStop股價狂潮　台灣應見微知著

美國電玩零售商GameStop（股票代號GME）被華爾街避險基金盯上後，激怒GameStop粉絲和一般平民，在社交平台（Reddit）群組（WallStreetBet）上撻伐華爾街金錢遊戲的不公，並鼓動群眾大舉買進軋空，上演鄉民打垮避險基金的驚奇戲碼。見微知著，整件風波不但反映了股票投資市場與證券交易行為的最新質變，更重要的是，Gamestop的散戶抱團起義之戰無疑是場嚴重的社會階級衝突，更彰顯出新世代對傳統體制的不滿與激烈反抗。

當然這場戰役方興未艾，在GameStop這個戰場，隨著投資與關注焦點轉移，也出現美股盤後四大指數全面收紅，散戶交易狂熱降溫，GameStop一天內慘跌六〇%的新訊號。只是在其他投資者看似安心重返市場的同時，未來隨著產業與景氣繼續呈現K型分化，社會持續分裂與衝突恐怕在所難免。

至於對在台灣的我們而言，如何以美為師，提前因應網路金融全新衝擊，疏導社會矛盾點的爆發，絕對是當務之急。事實上，隨著網路普及化，深入社會每個層面與角落，金融市場也不例外。年輕世代透過網路串連，透過網路平台下單。因此無論美國、台灣或世界各地，藉網路科技之便，以及手機下單程式的興起，網路投資股市日趨熱絡。

尤其，近期因應疫情紓困，導致貨幣寬鬆，儲蓄規模處於高點，資金氾濫，散戶手中籌碼充足；透過網路群組串連聲援，再加上無手續費的下單程式（例如：Robinhood）崛起，更使得散戶迅速抱團，鄉民眾志成城力量得以彰顯。相較之下，原先 M 型社會導致有錢人用錢滾錢，窮人喪失競爭機會的畸形發展，就成為年輕世代激烈反彈的目標。

他們不滿社會不公平，不滿輸在遊戲規則上，不滿社會財富集中於嬰兒潮世代，因此才會繼多年前「佔領華爾街運動」之後，再出現這次透過網絡與軋空公司對做的網路之戰，使得 GameStop 股價狂飆後激烈震盪，也導致 Melvin Capital Hedge Fund 因放空而一度慘賠至少二十億美元。

殊不知，所謂「追求散戶正義」，強調的正是資本市場需要公平的機制。所以核心問題還是出在社會問題上，而以「報復」金融市場的遊戲規則作為目標。因此，除了GameStop之外，全球院線龍頭AMC等多支原先遭放空狙擊的股票，也跟著網路論壇串聯拉抬而逆襲，透過積少成多的買盤擊退空方。甚至近期還轉戰貴金屬市場，並大幅推升白銀漲勢。

但這次股民鎖定被避險放空的公司下手，只買不賣，以致其股價急速竄高。固然像是小蝦米對戰大鯨魚、螞蟻扳倒大象，只是鄉民的狂熱與網路民粹化的能量，因此所產生的全面性衝擊，或正面或負面，卻不容我們小覷。

當然，經過一段時間的冷卻後，GameStop一天內可以慘跌六〇%，也可以看出既有遊戲規則與機制的強勢。無可避免地，網路交易平台的普及化、生活化，已為網路時代的股市生態催生出前所未見的巨變，也開創了全新的交易模式。而面對這種新局勢、新發展、新市場，甚至如何彌補金融投資機制在制度上的漏洞，從管理者、法規制定者以降，都必須以新的角度思考新時代的問題，盡速妥善因應，才有助市場的健全與公平。

ChatGPT 帶來的省思

這幾個月全球最熱門的話題，莫過於 ChatGPT 了！這個由 OpenAI 所開發的聊天機器人，透過自然語言處理的人工智慧模型，讓使用者透過文字輸入提問或敘述後，可自 ChatGPT 獲得答案。

於此同時，Google 也急起直追。祇是，微軟所推出搜尋引擎 Bing，在 ChatGPT 加持之下，雖有顛覆 Google 的態勢，但是股價卻沒有反映相對的優勢；至於 Google 的聊天機器人 Bard，則是在宣傳影片中答題錯誤，導致股價在二月八日重挫超過七％，市值一口氣蒸發一千億美元。

可見，人工智慧及其開發雖有引領風騷之姿，但眾多問題仍待解決，包括：其所彙集資料的篩選、分析與整合。否則，任由其自公開資料彙整和運用，就會發生類似發言人第二人格、歧視或偏激的亂象。

此外，目前的 ChatGPT 也會有情緒化的反應，為什麼呢？因為它的 database 裡面的資訊也涵蓋了重覆問題或爭執對話的反應和語氣（包括：不耐煩和不好的語氣），所以 ChatGPT 也將這些資訊反應出來。

對於偏執的 AI 人格問題和錯誤資訊，微軟表示正在積極努力減少不準確的情況，並且防止有害內容，同時增加對話限制等措施。或許這也是微軟股價迄今未因 ChatGPT 股價大漲，而 Google 卻因其聊天機器人 Bard 的答題錯誤，而股價大跌的原因之一。

雖然 ChatGPT 暴紅，兩個月用戶數更飆破一億人。但實際測試結果就可以發現問題重重。包括以不同方式詢問 ChatGPT，就有不同的答案。例如問：「有那些色情網站？」它會拒絕提供，但如果詢問如何阻隔色情網站，它則會提供。

又如，詢問它台灣的政治人物，它則會張冠李戴，還會性別錯置。也因此，有人認為 ChatGPT 有意識型態，所以大陸的百度、騰訊要開發它們自己的聊天機器人。據說我們的聯發科、中央研究院詞庫小組和國家教育研究院，也陸續開發了繁體中文語言模型到開源網站提供測試。

祇是，在人工智慧（AI）的熱潮中，我們捫心自問，是否已經準備好，面對人工智慧的發展？在《AI世代與我們的未來》一書中提到，我們現在發展的軌跡，是由我們閱讀、思考而創造出來的模式。但當人工智慧當道，在AI閱讀我們人類窮盡畢生之力也無法閱讀完的資訊後，經由它的演算，是否也能開創出一個供我們世界遵守的模式，而把人類引導到一個無法想象的境界呢？現在社群媒體的演算法，已經讓許多人離不開3C產品，也改變了我們原有的生活習慣，而當AI的演算能力更加強化之後，人類未來的生活又是如何呢？

在AI風潮方興未艾之際，美國國務院在二月十六日也公佈了《負責任之軍事人工智慧政治宣言》，強調在軍事上使用AI要符合道德，甚至直接點名各國政府不應把核彈發射鈕交給人工智慧來操作；可見人工智慧的發展已經引起了大家的戒慎恐懼。

不可避免的，人工智慧已經是未來的主流，但是我們做好因應了嗎？根據聯合國教科文組織去年發表的《中小學階段的人工智能課程》報告，中國大陸及葡萄牙等五個國家是由政府推動，從小學就開始學習人工智慧的課程。

教育部雖然在一〇八年宣布人工智慧與新興科技教育總體實施策略，將自國小、國中、高中推行AI教材並和一〇八課綱同步上路，要求國小四年級到高中三年級的學生都必須學習程式設計。

但在傳統學術課程（國數社自）掛帥的理念下，所謂的資訊課程是否可以落實到所有的學校，甚至讓老師、家長都重視？而在國小老師包班制的情況下，一位班導師教授大多數的課程，老師了解人工智慧的新知嗎？知道如何教導小朋友AI的知識嗎？這豈是下達命令就可以完成的目標？真的不需要一段時間的移風易俗，改變認知，就可以完成嗎？

不幸的是，我們看到的是綠營政權凡事都是政治掛帥，也都選舉優先。在教育方面也祇看到去中國化，把五千多年的歷史濃縮成幾頁紙。如今，學子不知秦、漢，遑論魏、晉、唐、宋、元、明、清！如果民進黨政府能夠花「去中化」的百分之一力氣，來教育我們下一代有關人工智慧的知識，相信我們的小孩絕對有充分的能力來面對並因應人工智慧世代的衝擊！

政策鋸箭，推走台積電還要逼走誰？

民進黨執政有一項非常弔詭的特色，就是欠缺橫向溝通，慣用鋸箭法處理問題，導致施政毫無章法、也無前瞻思維；甚至政策目標相互矛盾，落入不專業、相互衝突的陷阱裡。

今（二〇二三）年一月一日已上路的受控外國企業（CFC）新制就是最好的例子。民進黨政府只想追隨美國等國家腳步，而不顧慮對台商企業全球佈局及對台灣經濟的負面影響，也不考慮重複課稅的不公平性與產業外移。試問，強推 CFC 如何吸引營運總部來台？又如何避免本土企業撤離的巨大衝擊？官員注意了嗎？還是打算繼續無知、無感、無為下去？直到台灣企業出走、外資不來嗎？

其實產業界對政府實施 CFC 一直很有意見，因為一路走來，我們國家財稅政策，好像一直跟著大國走，跟著做，就像美國升息就跟著升息一樣。我們在學習、抄襲別人的方式之前，到底有沒有考慮過對於臺灣的影響？

事實上，我國先後於二〇一六年及二〇一七年修訂《所得稅法》與《所得基本稅額條例》，建立營利事業CFC制度及個人CFC制度，並授權行政院決定施行日期。行政院為接軌OECD預計於二〇二三年實施全球企業最低稅負制，公告我國CFC課稅將於二〇二三年正式上路。只是社會上仍有不同觀點，企業界憂慮更深，卻完全沒看到政府予以重視或向各界說明釋疑。

甚至包括立法院預算中心在內的諸多專業評估都警示，相關新制恐將陷入惡性循環，導致企業出走，轉移至與台灣沒有金融帳戶資訊交換機制之國家或地區的疑慮，並有徵納成本高、侵蝕產業競爭力、喪失國際經貿地位等風險需要面對。但行政部門給予國內廠商足夠時間應變嗎？更新名單為何年底才公布？財政部就CFC上路事宜，與產業各界溝通狀況？國內產業有足夠時間部署嗎？

尤其CFC這個制度到底為台灣帶來什麼樣的契機？或者影響？其實一直非常不明確，在過往七年過程中，也沒看到行政單位讓民間知道如何及時準備，這是非常遺憾的事情。特別為保衛台灣的安全，除了台積電這座護國神山，我們當然希望更多國外企業到臺灣設立營運總部，集全球之力來保護臺灣。但CFC制度的設置，跟營運總部的政策剛好背道而馳，政府有想過了嗎？

不管 Google 也好，Apple 也好，試問，哪一個國際企業營運總部會選擇落腳會課徵全球稅收的國家？

削減晶片出口大陸？民進黨政府自廢武功

聽到民進黨政府為反制中國大陸，不排除削減對中國大陸晶片出口比重訊息，著實令人大吃一驚！雖然國際對峙或爭議時，放狠話場面也常見，但僅限於談判技巧。真要意識型態掛帥而不顧自己產業需求及國際供應鏈生態，驀然禁止或削減半導體晶片出口中國大陸，等同自廢武功；不但討不到便宜，反倒令台商企業把好不容易搶占的大陸市場拱手讓人，也幫大陸廠商收割失土。像極了一練七傷，傷人傷己的七傷拳，絕對本末倒置、得不償失！

簡言之，類似作法對大陸縱使有衝擊，但到底台資企業還是陸資企業誰先崩盤？高高在上的政府官員們對台灣半導體產業生態及國際供應鏈結構到底了不了解？難道不知道全球半導體廠商並不只有台灣！不知道台資企業在大陸市場的國際或對岸競爭對手平時早就虎視眈眈的嗎？台積電是強，是護國神山；但還有三星、美光、英特爾、英飛淩、海力士、東芝半導體等，都是強勢的國際競爭對手。

況且，許多在中國大陸的半導體產業鏈都是台商企業，包括：鴻海、緯創、華碩、日月光等；高科技產業鏈很大部分在大陸，呈現兩岸相互依存的狀態。例如鴻海是蘋果的CM，蘋果手機內晶片是台灣廠商賣到鴻海在中國大陸組裝後，再銷售到美國、歐洲或全球其他地區。政府不輔佐產業也就罷了，還出個自殺拳，是嫌台灣半導體太強了嗎？

試問，如今政府真來一招「為淵驅魚」，到底是哪家半導體企業會因此占到大便宜？要知道，畢竟大陸也有半導體業，例如中國最火紅的GD；雖然目前品質與技術仍不如台灣，但已在全球搶單、急起直追。蘇內閣現在是要台商把辛苦經營得來的成果拱手讓給GD、三星、還是別人？更別提聯發科等重要半導體設計公司的客戶多在大陸。

綠營高官們問過產業界沒有？這種國家大政、產業政策可以拿來賭氣的嗎？不知道這種威脅正好提醒對岸長痛不如短痛，迫使大陸加速半導體產業發展嗎？恐怕對岸反倒是短空長多。但台灣呢？台商企業馬上就會直接面臨衝擊，請問民進黨政府做了什麼準備？屆時闖禍，又是雙手一攤，要民間自行解決嗎？

再說，包括台積電等許多大廠都已在南京等地設廠，這種反制政策啟動下去，台積電和台商企業不會受影響嗎？政府是嫌電子產業賺太多，自己修理一下嗎？

說穿了，兩岸經貿相互依存早已是不爭的事實；加上兩岸紅利來得又多又快，雖然民進黨長期以來熱衷於販賣芒果乾，鼓吹扛著反中大旗向前衝；但口嫌體正直，別說遏止，台灣對大陸的依賴根本越來越深。農產品一面倒也就算了，去年我對大陸的經貿依賴度依舊超過四二％，其中交易又以電子產品為主，甚至根據海關統計，過去兩年我對大陸及香港的出口總額裡，電子產品占逾半數，加上資通視聽、光學器材合計更超過七成。民進黨政府採取了什麼因應措施？

更糟糕的是，帶頭的製造業、高科技產業本來拜新冠疫情之賜，過去兩年產業興旺，也才勉強帶動台灣經濟成長率暢紅；二〇二二年全球將飽受通膨及經濟蕭條之苦的同時，政府卻瞄準龍頭產業、指標產業丟下震撼彈？官員平時到底在做什麼？政策制定前不調查、研究或評估嗎？

民進黨政府有沒有算過，如果在政治掛帥和網軍意識型態牽制下，還真發動幼稚的晶片輸出制裁，對台灣半導體產業及整體經濟效益影響有多大？兩岸貿易順差消長？有沒有考慮過台灣天然資源有限及以出口為導向的現實？難不成，現在政府政策是要搞均貧嗎？

從俄烏戰爭發展可以發現，政府在國家安全上的最重要屏障，甚至認定台灣之所以不是烏克蘭，受國際關注、援助更要強過烏克蘭的地方，無非就是台灣半導體業、高科技產業。但我們不禁要問，如果半導體是國家珍貴資產，以兩岸產業分工之緊密，電子資訊產業相互依賴之深，怎麼會率先拿半導體開刀？怎麼會對手出張牌，就拿王牌回應？這應該不需要什麼談判經驗，只要會打牌也知道吧！

台灣產業何去何從？——從半導體產業談起

日本的日經亞洲及英國的金融時報五月三十一日聯合刊登《台灣如何成為不可或缺的經濟體》一文指出，由於擔心亞洲可能爆發衝突，歐美跨國企業正尋求供應商將生產遷出台灣；祇是遷移台灣勢將使製造商承擔高昂的代價。表面上看來這篇文章是強調台灣供應鏈的不可或缺，但也確認跨國企業遷離台灣產業鏈的意圖和事實。可以想見的是，從此以後，台灣的國際地位勢將式微或甚至一落千丈！

該文以iPhone的生產為例表示，其中一千五百個零組件的供應商分別來自大陸（占比二六％）、台灣（二三％）、美國（一八％）、日本（一七％）和南韓（七％）。而幾項價格較貴的零件，包括核心處理器、5G數據機晶片、Wi-Fi晶片和高階相機鏡頭都在台灣製造。

麻煩的是從去年美國眾議院議長裴洛西訪台後，台灣地緣政治的衝突升高，也使得英特爾、超微、輝達、Meta、谷歌和亞馬遜等科技大廠更加緊張而尋找中國與台灣以外的替代產品、產能和服務。

文中進一步指出，日前在日本舉行的七國集團領導人會議發誓要減少對目前關鍵供應鏈的過度依賴。美國更是下定決心從亞洲奪回先進的晶片製造，也導致台灣廠商岌岌可危！

該報導更指出，即使沒有全面戰爭，中國大陸對台灣的封鎖等破壞也可能導致嚴重的全球動盪。據美國半導體行業協會估計，台灣代工的邏輯晶片生產也可能因此中斷，其也可能導致依賴這種供應的廠商五千億美元的損失。國外特定智庫還估計，台海衝突將導致約二兆美元的經濟風險。

雖然文末指出：「與中國脫鉤並不便宜，但與台灣斷絕關係的代價更高。有人願意為此付出代價嗎？」直指脫離台灣供應鏈必須付出高昂的費用。但是誠如英特爾執行長基辛格（Pat Gelsinger）的呼籲，在地緣政治方面，全球需要一個均衡且具有韌性的供應鏈，以推動新的全球科技供應鏈成型。縱然歐美科技大廠短期內無法脫離現有的產業供應鏈，但顯然已有脫勾的長期規劃和佈局。

可見，這些年在綠色政權領導下，因凡事政治掛帥導致地緣政治風險一再升高，再加上各國積極制定政策扶持其本土產業，導致全球供應鏈的崩解和區域經濟再起等等不利因素，如果外行的綠色政權繼續執政，台灣半導體產業恐難突破目前的困境，也難保過往在全球呼風喚雨或執牛耳之地位。

就此，日前來台訪問的輝達創辦人黃仁勳也指出，在提高供應鏈韌性的趨勢下，輝達將來也會考慮下單台積電的美國廠區。可見，科技大廠都不得不面對現實變更因應供應鏈可能中斷的危機。問題是政府官員看到了嗎？又做了什麼協助我們的產業？

再以英特爾為例，即便其技術落後台積電，但在美國政府全力扶植下，也正積極打造新的產業鏈，並宣稱將迎頭趕上。我們的政府就算不能創新圖強，至少不該迎合外國或枯竭台灣的基礎設施，而把產業往外推吧？

綠色政權可否至少一次以國家社稷為重？就不要再「政治掛帥」或為了選票用大內外宣掩飾現狀或誤導國人，更不要再假藉名義編特別預算敗壞國家財政。請讓專家做專業的事，以便好好規劃並完備台灣的水、電、交通等基礎設施，和落實育才與留才的百年大計，並確保台灣的技術和人才不外流。政府官員既然力有未殆、不能突破，至少可以讓賢，好讓台灣有機會回歸專業治國，敗家敗國的事就別再做了吧？

當頭棒喝綠營政府的台美倡議

原本堅持只需提交立法院備查的「台美二十一世紀貿易倡議」，在民意反彈下，綠營政府總算送交立法院審查。令人匪夷所思的是，行政官員在立法院備詢時，竟然說不出該倡議對台灣或產業的好處；只是一再含糊的表示，該倡議是一個高標準的協定，對於台灣未來與其他國家簽訂協議有很大的幫助！

面對立委一再追問該倡議對台灣產業或廠商的影響時，財政部長總算回應說，通關便捷後，快遞業者的成本應可降低約新台幣一億元。奇怪的是，年年超徵四、五千億的綠色政權和我們長期的盟友所簽訂的倡議，居然祗有省一億成本？其他好處，綠官們究竟是不知道？還是口拙說不清楚？又為什麼不肯徵詢民間意見？又為什麼當委員要求公開協商時程和至少半年向立法院報告時，還推三阻四？

光就綠營政府的態度，就知道其官員的不用心和不思檢討，也可以發現其等祗想用大內宣洗腦或誤導民眾的不正心態？甚或是曲意奉承美國以博得青睞，換取其對民進黨政權的支持？豈不知，民進黨政府此舉適得其反，而可能加深國人「疑美」或「反美」情結，並摧毀台美長期以來的友好關係。

又以該倡議的「反貪腐」專章為例，我們的刑法和貪污治罪條例就此早有規範。如今，就連美國這個長期的盟友對綠色政權的貪腐也有疑慮，而在該倡議內特別設置專章提醒；也可見台灣在綠色執政下，早已聲名狼藉。

正所謂「凡走過必留下痕跡」，在綠色執政體制下，除了治安敗壞成為犯罪天堂外，貪贓枉法的事也沒少見、就連國務機要費也能除罪化，還能因人設事修改外役監條例，讓外役監成為違法權貴的豪華套房；更曾提案將總預算和地方制度法逕付二讀，直接沒收委員會的審查權和在野委員的監督權。綠色政權的種種荒唐行徑早已聞名國際、也讓民主制度「依法行政」的基本原則成為無法實現的夢想。此次美方將「反貪腐」納入，也正是提醒綠色政權要適可而止！

再以「貿易便捷化」為例，世貿組織（WTO）二〇一七年生效的貿易便捷化協定也早有規定，其至少包括：資訊上網公開、預先審核的定義及範圍、優質企業的貿易便捷化待遇等。此次明文納入是否意味著美國質疑我們從二〇一七年來，均未遵守 WTO 的規範，而再次打臉民進黨政府？

無論如何，祇要檢閱該倡議的內容，就可以發現，除了對美方的承諾外，其餘多是「改進」（Improve）、提昇（Enhance）或提倡（Promote）等無具體行動的抽象名詞。或許這才是綠營政府不願意送交立法院審查的真正原因？居然還想利用這個協定作為選舉宣傳的工具？

再次拜託無知、無為、無能、無感的綠營政府，就算不能「愛台」，至少也不要政治掛帥，還拿全民的利益換取綠色政黨或私人的利益？切忌因而挑起「疑美」或「反美」情結，傷害台美長期的盟友關係！

印太經濟架構台灣出局　民進黨政府大內宣破功

民進黨政府官員似乎每天非看報紙不可。當陳時中宣布「三劑令」搞到旅行業叫苦連天，交通部長說看報紙才知道；防疫保險受清零轉共存政策衝擊，弄到天下大亂，金管會主委也說看報紙才知道。前幾天美國主導的印太經濟架構集團（IPEF）未納入台灣，讓先前狂吹台灣應可列名創始會員的大內宣完全破功，外交部次長也說，他們同樣是看了報紙才知道。看來，政府官員的報紙依賴症積重難返，今天要收甚麼爛攤子，得先看過報紙不可。

更難以置信的是，外交部竟然還稱白宮宣布前一天告訴媒體台灣不在內，對台是種「尊重」？這是種甚麼心態？唾面自乾嗎？

事實上，路透社既早在三月就引述美方高層透露，沒有考慮把台灣納入 IPEF。何必政府卻一再宣稱台美關係堅若磐石，有機會在首輪納入？行政院經貿談判辦公室為什麼也堅稱有機會加入？外交部長吳釗燮又為什麼在五月初信誓旦旦的說「台灣會在裡面」。這種預判落差是不專業？自欺欺人？還是刻意隱瞞、誤導民眾？

甚至美國政治評論也早表示，不讓台灣加入的原因是美國不希望讓 IPEF 因此成為抗中組織。要真如此，那問題可大了！因為如果這個邏輯正確的話，只要台灣加入，這個組織或經濟架構就可能被歸類為抗中組織，未來臺灣還有可能加入 CPTPP 嗎？難不成就都一樣出局了嗎？我方在跟美國溝通的時候，到底有沒有出現這些顧慮？政府是不是該把問題講明白？

尤其，政府眼見大內宣破功，雖已改稱雖沒被納入 IPEF，但台美將開啟新一輪經貿談判，以及我方可能第二輪加入等；但這會不會祇是另一波大內宣的前奏曲？高高在上的行政官員們難道不知國際經貿組織總是先進先贏？也不知道若不能在創始或第一輪加入，讓國內需要率先納入考量或規劃，就等著被侵蝕或任人宰割？或甚至淪落到多頭落空的局面？

殊不知，創始成員在規劃時，可透過參與讓組織架構傾向於有利創始會員的產業優勢，以趨利避害。日後更可以透過同意權的行使，增加對後加入者的協商談判籌碼。就此，行政機關無論從 WTO 或 CPTPP 等的經驗，都深知台灣在後爭逐加入的代價，就是等著妥協入會，或根本入不了會，不是嗎？

這幾年，民進黨政府不惜與民意為敵，開放萊豬、開放核食，不就是為了加入CPTPP、加入國際經濟組織？雖然為了滿足進入條件才做這些犧牲，但我們除了一連串的大內宣、大外宣，一些口頭的善意，又獲得甚麼實質利益？加入了甚麼組織？未來繼續炒作所謂的深化經貿關係議題，我們又要犧牲些什麼？

過去國民黨執政時期，在加入國際經濟組織前，都有完整的產業利弊評估。即便因為開放過程會使得特定產業受創，也會預先規劃填補的方案。現在這些專業評估到底做了沒？還是只要有務虛的大內宣與口號就可以瞞混過關？

其次，目前IPEF具體規劃與運作雖仍未盡明瞭，但本質上仍是由美國主導，透過爭取亞太盟邦夥伴認同與深化合作關係，建立四大經貿支柱，整合區域競爭力，以成為具有競爭力的生產體系。尤其十三個創始成員國共占全球國內生產總值四〇%左右，發展潛力不可謂不大，更顯然有遏阻中國大陸經濟擴張，與中國大陸供應鏈抗衡的味道。

尤其，該組織成員多與台灣加入的APEC重疊，須警惕日後APEC會不會因此弱化？進而影響台灣透過APEC可以發揮的效益？畢竟，APEC已是台灣目前在國際能見度最高的正式舞台，屆時一旦受影響，又不能加入IPEF跟CPTPP，會不會陷入多頭落空的局面？

小國外交，勢必以捍衛國家尊嚴與利益優先，為免淪入金錢外交、勒索式外交的陷阱，更要堅持務實而不能務虛。從一些具體案例來看，我國參與WHA與IPEF連續落空，國際組織參與到處受阻，軍購延宕或喊卡，這就是綠色政府口口聲聲說國際關係與台美關係有重大進步，台美關係史上最佳？怎麼會有這種自相矛盾的情形？綠色政府除了無止境的大內宣，是不是也該對民眾誠實以對，給國人一個清楚的交代？也好讓民間及時準備與因應？

別替籍制言論開巧門

當一黨專政成為事實，違法違憲就是家常便飯

民進黨挾立法院多數席次優勢，透過一連串違法違憲作為，違法調動大批警力進駐立院阻礙立委出入議場，直接跳過法定「審查」程序逕付表決，終於順利護航「酬庸人事」成功，幫陳菊找到這份六年二千五百萬元起跳的肥缺。看到這麼多民進黨立委興高采烈地拿著白色珍珠板，宛如遮羞布般把主席台團團圍住，卻遮不住「一黨專政」的腐敗氣味！

絕對的權力帶來絕對的腐化。民進黨挾著國會多數優勢，為所欲為，行政體系與公營機構全方位酬庸還不夠；還打算放寬約聘人員任官限制，進一步破壞文官體制；東廠橫行，頤指氣使。在在證明，民進黨版的「一黨專政」已成事實，其無視法治、肆無忌憚的本性昭然若揭，違法違憲不過是家常便飯。

在監院人事爭議這波違法違憲作為中，最讓人感到瞠目結舌的，就是民進黨直接省略「法律」要求同意權行使前的「審查」要件，在一片混亂中，宣布停止詢答，

為監院同意權投票護航鋪路。

民進黨及其委員們都知道，《立法院職權行使法》明定同意權行使應先經過審查。此有該法第二十九條「立法院依憲法……第七條第二項（即監察委員）行使同意權時，不經討論，交付全院委員會審查，審查後提出院會以無記名投票表決，經超過全體立法委員二分之一之同意為通過。」以及第三十條明載：立法院「全院委員會就被提名人之資格及是否適任之相關事項進行審查與詢問，由立法院咨請總統通知被提名人列席說明與答詢」為據。

因此在憲法修正，或立法院依法修正《立法院職權行使法》前，實質審查這項法定要件必需完備。不論立法院長或任何人，均無權「省略」該要件或以任何方式，包括變更議程等低於憲法或法律層次的手段，以跳過「審查」。

簡言之，法律既然規定了審查程序，就必須進行實質審查，不是民進黨自己表決做一個決定就能跳過。這個道理很淺顯，以考試為例，縱然因故無法在原指定日期舉辦，不難道是「延期」再考？難道可以直接跳過考試，逕行取得資格嗎？

監委被提名人不只沒有對立院完成「列席說明與答詢」，也從未對全國人民正式報告，這樣草草過關，只求權位到手，連過了誰都不知道，把監察院直接當作酬庸人事疏洪道，真是駭人聽聞。如果立法院可以無視法律規定，為什麼老百姓不能？因此這種跳過實質審查的做法不但違法違憲，更是民主之恥！

何況，行政命令不得牴觸法律，而法律不得牴觸憲法是民主國家的基本架構，豈可逕以非「憲法」或「法律」位階之手段擅自否決法定「審查」要件？主持會議的國會議長是否理解到，在他的議事主持下，立法院逕行停止「審查」程序的做法，已經嚴重違法違憲？使該人事權的行使已屬無效？

更別提這種顯然無視於民主法治之規範的做法，已形同再次以獨裁專制的手段，傷害台灣得來不易的民主自由？如此為所欲為的政府，又有什麼資格要求民眾守法？憑什麼要求人民相信這種祇能透過違憲違法方式選出的候選人，會潔身自愛、中立不受政黨干預？更別期待會「依法」行使職權了！潔身自愛的公正人士絕不需要政黨透過集體暴力推上台！

尤有甚者，國民黨該不該抗爭，或到底該採什麼方式抗爭，縱有檢討之處，但如身涉利害關係的重大爭議人選能自行引退或聽取民意，開放政黨協商，也不致於此。遑論違法調動大批警力擋著立委，限制立委進出立法院、進出議場，更是史無前例的以警察權妨礙立委職權行使，這絕對是憲政層次的是非問題！

試想，台灣從國會全面改選之後，從沒有動用警察權對付立委，甚或排除議事障礙，最後一次已經是梁肅戎時代的事。這幾十年下來，即使在議場內爆發大規模肢體衝突，代表國家合法暴力的警察，也從未大膽到直接干預立委行使職權。

民進黨派系大老竟然能跨越法治體制、在警察團團護衛下，浩浩蕩蕩地進入立法院，並引爆立法委員的流血抗爭，究竟是誰、在甚麼時間，竟敢違憲違法動用警察權為執政黨服務？且壓制立委行使職權？民進黨必須說明交代！

國會周邊被鐵絲網、拒馬層層圍住已是國際奇觀，而千名警察進駐國會阻礙立委進出議場或行使職權，又豈是民主國家？什麼時候台灣成了警察國家？難道又重回戒嚴了嗎？

民進黨左手拿著國會多數席次，想表決就表決，想開臨時會就開臨時會，民進黨立委甚至可以人不在國會議場，卻能投票？真是匪夷所思！右手更有大批警力當打手。套句電影「少林足球」的台詞，「球證、旁證、技術委員、主辦、協辦、所有單位都是我的人。你們怎麼跟我鬥」？

可知國民黨被迫採取衝突抗爭，也是其來有自！祇要民進黨一黨專政的心態不改，在野黨、中間選民也實在忍無可忍，為台灣的民主倒退嚕悲痛！

全動法暗藏三大地雷

民進黨政府強行推動修正《全民防衛動員準備法》，引發爭議，尤以未成年人在動員之列，加上教育部一度要求學校對十六歲以上學生進行「動員造冊」，而引發孩子上戰場、學生上戰場的疑慮。說穿了，聯合國憲章裡明白定義，十八歲以下就是「未成年人」。可是全動法竟要動員未成年小孩！還理直氣壯的說沒把小孩送上戰場！孩子的生命安全是國家最重要資產，也是國家命脈之所繫。他們的生命對綠色政權而言就這麼沒有價值嗎？

真虧政府還硬扯軍需事業不算「戰場」。試問，一旦開戰，戰場只有「前線」嗎？軍需工廠在戰時不都是被攻擊鎖定的主要目標嗎？把小孩當成娃娃兵，擺在最危險的地方，不就是拿我們的下一代當炮灰嗎？

每一個國家，都把下一個世代當寶。就算要上戰場，也是成人上；再怎麼危急也都要確保孩子們和下一代的安全。現在連大人、年輕族群的軍事訓練都明顯不到位，更何況根本沒受過訓練的孩子們！甚至政府要求各縣市對十六歲以上青年學生進行動員造冊，還要依專長「任務編組」，目的不就昭然若揭嗎？綠色官員們就這麼不能體會父母的心情？就這麼不在乎我們的下一代嗎？

事實上，包山包海的全動法裡面就偷偷夾帶了三個引爆點，除了青年動員、學生上戰場之外，更想方設法地「箝制言論自由」，還橫空拋出金融外匯管制。究其根本，就是政府權力大幅擴張的「類戒嚴法」！只是爭議這麼大的惡法，民進黨政府竟然在幾天之內，從閣揆要國防部撤回公告再研議，變成繼續走立法程序。其立場反覆且不知所云，更全然無視民意，硬要把惡法推到底，到底是何居心？

更別提其中有關「金融外匯」的規定，連央行總裁都未被諮詢。試問，參與草擬的官員們，不知道此舉對台灣經濟的衝擊嗎？也不知道台灣早期實施外匯管制期間，對外資來台投資的阻礙嗎？不知道這些外行的規定，勢將加速外國撤資或阻礙外資來台嗎？請問國防部諮詢專家了嗎？官員知道問題的嚴重性嗎？

更糟的是，「數位中介服務法」恐將透過全動法「借屍還魂」，把先前引爆民怨的諸多爭議措施藏在裡面偷渡。居然還明目張膽的規定，在動員準備階段，政府就可以要求主管機關「對出版事業、廣播電視事業、網際網路平台與應用服務提供者及新聞從業人員，實施調查、統計、編組及規劃」，要求新聞機構配合辦理並提供相關動員能量資料。正如同警總復辟般，為黨政軍控制媒體、輿論與網路平台鋪路。

簡言之，全動法表面上是抗中保台，實際上卻是監控思想與新聞言論。還以社維法為師，假消息甚至可處三年以下有期徒刑、拘役或新台幣一百萬元以下罰金。這不就是想透過重罰讓人民閉嘴，企圖營造寒蟬效應？

我們要放任傲慢的民進黨，把我們幾十年來好不容易爭取來的民主自由，就這樣全部催毀嗎？民進黨政府應懸崖勒馬，別讓這種製造恐慌的爭議法案強渡關山吧！

數位中介法　執政者箝制言論的話術

雖然頂著箝制言論自由的罵名，NCC似乎鐵了心要硬推《數位中介服務法》到底，第一場公開說明會也在昨天登場，但場面冷清，用意不明，還被質疑跳過諸多重大爭議不討論，分批邀業者探討技術細節，疑似想切香腸般各個擊破，也說不清楚打算用二十五億設專責機構的意義在哪裡。

說穿了，民進黨政府與NCC推數位中介服務法很厲害的一點，就是用話術治國，「數位中介服務」這個名詞看起來很學術、很中立，但基本上就是在網路世界裡面，行政單位說了算。尤其如按現行草案條文通過，未來在法院決定前，政府單位隨隨便便就可以給網路上的言論加標籤、下警語，這跟「網路戒嚴」有什麼差別？

如果不是極權獨裁，真不知道怎麼想出這種霸道的處置方式？還打著「促進通訊傳播自由流通、保障數位基本人權」的旗號？到時包括臉書、YouTube等五大類平台，只要不符執政當局判準，言論就可能遭下架或張貼警語，只剩下政府刻意釋放的真假訊息，這不就是在箝制言論自由嗎？

NCC竟然還理直氣壯的說，歐盟的 Digital Service Act（DSA）數位服務法也是這樣，也就是這個法案是從他們那邊抄過來的。可是DSA本來是要規範 Google、Youtube、FB、Meta 這些大咖，因為這些巨擘跟弱勢的使用者的市場地位截然不同。因此國外要透過法令規範，對這些巨擘有一些限制，包括：個人資料使用限制、資料蒐集限制等等。

但這些內容跟NCC草案的規定、關注相同嗎？本來按歐盟或其他國家規定，法令是去規範平台服務的提供者，可是NCC反了過來，如果平台遵守政府的要求（包括加註警示），平台業者就可以免責。換言之，業者只要按行政單位說的去做，就可以沒有責任。所以將來在網路世界裡，是不是就是行政單位說了算？

草案條文之離譜已到匪夷所思的程度。以弊案吹哨者為例，在法院裁定之前，政府就可以要求平台業者加註警語警示，時間更可以高達三十天。試問，那一個民主國家對於人民的處置可以跳過程序正義（Due Process）？

如今，NCC竟然打著民主的旗幟反民主，完全撇掉程序正義，直接由政府自己認定、自己決定？往後針對政府機關缺失與違法的評論又要怎麼發表？行政單位的權力已經可以高到凌駕司法權之上了嗎？如果這樣也可以硬幹，那民事上面的假處分或假扣押這些暫時狀態的處分措施，為何還要經過法院呢？

難怪民間懷疑這個法根本不在保障所謂的數位人權，其真正的目的應該是在箝制人民的言論自由吧！未來，數位中介服務法最嚴重的後果，恐怕是民眾只有接受政府認可的訊息，也只能在不知不覺中被政府、執政黨或其認可的機構洗腦！更別提花二十五億元成立管理數位平台專責機構的意義在哪裡？難道又是一個網軍基地嗎？

退一萬步講，如果這個法案如此重要，難道不是NCC這些拍板定案的政務官應該要出來，說清楚講明白嗎？為什麼到現在卻總是讓基層的公務人員出席公聽會發言、去為惡法辯護、揹黑鍋。

老大哥夢魘？手機定位資訊當然要受個資保護

近期，許多民眾擔憂，網絡資訊科技進步，連帶讓個人隱私、個資，甚至所在位置等定位資訊，透過人手一機的手機全都露；甚至有著很深疑慮，是否參與政治或選舉活動造勢，也會遭到「老大哥」監控？

事實上，民眾擔憂並非空穴來風，也不是「一九八四狂想曲」。今日社會，手機IP與定位鎖定技術上已不困難。甚至法務部長蔡清祥在立法院答詢我質詢時也僅表示，絕不會針對造勢活動鎖定有投票權國民的手機IP與定位，以監測民眾曾參與活動；甚至所謂「手機遭監控」，只是因為涉及犯罪嫌疑，負責個案的檢察官覺得有辦案需要才會鎖定；若沒有涉及犯罪，手機就不會被定位。

類似說法似是而非，實質上也已碰觸到我們個人隱私與言論自由保護的界線，難怪民眾會有直覺性的反彈。

更由於個資的主管機關「法務部」，迄今仍未明確表態「定位」資料屬於個人隱私保護範圍，以及如何確保保障個資當事人隱私（包括所在位置）或限制這些可能的科技隱患，自易引發民眾不安！

為什麼我們這麼在意手機被定位問題？從法律來看，《個人資料保護法》第二條第一款已明載，「個人資料」係指：「自然人之姓名……社會活動及其他得以直接或間接方式識別該個人之資料」。亦即，只要足以使他人直接或間接識別係屬個人之資料，即為個人資料保護法之保護客體。

何況，GPS定位技術不斷演進，透過蒐集、保存、分析個人GPS定位資料之大數據資料，將可詳盡、全面地掌握個人地理位置資訊，並成為直接或間接識別個人資料及其活動等個人隱私。尤其可能對言論自由、行動自由造成一定程度的妨礙。

因此，為貫徹隱私權保障之立法目的，國際間關於行動電話或智慧型手機之個人GPS定位資料，早已納入個人資料保護法之範疇。

例如歐盟在其《GENERAL DATA PROTECTION REGULATION》（簡稱GDPR）第四條第一款明文揭示，個人資料包括個人所在資訊（location data）。甚至日本就使用者之位置情報，也在「電信事業個人資料保護指針」（《電気通信事業におけ

る個人情報保護に關するガイドライン》）中嚴格保護，包括該指針第三十五條規定必需在取得法院令狀後，才可獲取行動設備使用個人位置資訊。

至於美國方面，如以美國加州消費者隱私法（The California Consumer Privacy Act of 2018）為例，「個人資料（Personal information）」亦含蓋「地理位置」資料（「Personal information includes, but is not limited to, the following: ... (G) Geolocation data.」（詳參 Assembly Bill No. 375 CHAPTER 55, SEC. 3., TITLE 1. 81. 5, 1798. 140. (o) (1) (G)）

在法律上，個資的搜集、處理或使用均有明文限制，須非常慎重。尤其公務機關對個人資料的蒐集、處理及利用，除需有「特定目的」外，也限於「執行法定職務必要範圍內」、「經個資當事人同意」、或是「對個資當事人權益無侵害」。

特別有關病歷、醫療、基因、性生活、健檢及犯罪前科，更限於「法律明文規定」、「公務機關執行法定職務必要範圍內，且事前或事後有適當安全維護措施」、「當事人自行公開或其他已合法公開之個人資料」、「基於醫療、衛生或犯罪預防之目的，為統計或學術研究而有必要，且資料經過提供者處理後或經蒐集者依其揭露方式無從識別當事人」、「為協助公務機關執行法定職務必要範圍內，且事前或事後有適當安全維護措施」、經當事人書面同意（但逾越特定目的之必要範圍或其他法律另有限制不得僅依當事人書面同意蒐集、處理或利用，或其同意違反其意願者，不在此限）者為限。

智慧型手機既有地理定位功能，Facebook打卡、google地圖，甚至許多手機App，都可能觸及個人隱私與敏感資料，難怪民眾對政府透過定位監控會有疑慮。如真有搜集、處理或利用情事，更是對一向強調自由民主的臺灣社會一大諷刺！

無論如何，民眾擔憂自己參與政治活動遭監控絕不是 件小事，而是會損及民主社會與言論自由的基石。希望主管機關儘快提出明確規範與保障措施，別讓民眾自覺活在一九八四氛圍之中。

本文違反數位中介法已被刪除？

NCC 強推《數位中介服務法》引發箝制言論自由爭議，引爆輿論反彈。不可諱言，這根本就是二十一世紀的網路戒嚴法。如此惡法居然明目張膽的規定，縱然法院還沒同意，就可以率然警示。這種審查人民言論的法規，在全球民主國家肯定是絕無僅有。只有在民進黨執政的台灣，對於箝制言論自由，才這麼的先進，走在全世界前面！現在文字媒體式微、新聞台一片綠油油，未來 Dcard、YouTube、Facebook、Line、Ptt 等社群平台再被監管，只怕連吹哨人都無處吹哨了吧！「本文違反數位中介法已被刪除」的警示，恐將淪為萬年不變的最夯關鍵字！

真虧民進黨與 NCC 聯袂強調，「沒有強推數位中介法」，「草案僅為初版，將持續蒐集意見」；一副好像只是溝通不足的問題，一點都沒考慮到草案根本存在違憲違法的絕大爭議。如此箝制言論自由的惡法勢將造成行政權一權獨大，並凌駕司法權、立法權之上，真是荒唐到極點！還是趕快收回去藏拙為妙！

一如前年法務部一度打算強推「科技偵查法」草案，同樣也引發民間對違法監聽、科技監控的莫大質疑，當時法務部也尊重民意，毅然撤案，為什麼NCC就不能尊重憲法保障的言論自由，盡快比照辦理？還在這裡用政策氣球測風向？

殊不知，憲法保障的言論自由可沒規定不含「網路世界」，NCC居然想假藉規範平台業者等的名義偷渡箝制人民言論自由的違憲法律，NCC提出的這些規範跟「網路戒嚴」有什麼差別？如果不是對極權獨裁情有獨衷，又怎麼想得出這種違反民主的霸道規定？

言論自由不該遭到限縮，這是我們守護民主制度的最基本原則。對於NCC打著民主旗幟反民主，並撇掉程序正義（Due Process）的違憲亂紀惡行，絕對不能輕易放行！

其實就條文內容來說，姑且不論納管對象或違規樣態定義模糊等問題讓人無所適從，到時如按草案通過，未來只要被政府部門認定是假訊息，沒取得法院裁定前即可直接標明警示，時間更可長達三十天。加上範圍可說包山包海，政府單位說管就可以管。只要執政當局不滿意，言論就可能遭警示。如是，未來網路世界恐怕只剩下政府刻意釋放的真假訊息！

特別該法第十一條規定，如知悉「涉」違法內容後，立即移除該資訊或限制其接取，就可以免責。平台方面如接到政府警示，「不刪假訊息最高罰五百萬」，而刪除就可以免責時，不管訊息內容是對是錯，業者為了避免責任及罰鍰，自然會依照主管機關要求照做，以保全他自己的權益。而這不就等同言論的管制審查嗎？這種機制入法，台灣還有民主嗎？還有言論自由嗎？

說穿了，民進黨政府治國無方，但立法偷渡和話術還真有兩把刷子。「數位中介服務」這個名詞取得好聽，看似很中立、很學術，但基本上就是強制網路世界裡，要由掌握了權力的行政單位說了算。

尤其民進黨政府早已沒有信用可言，過去許許多多前後不一、自相矛盾的訊息多來自行政部門或綠營側翼，以柬埔寨肉票案為例，當網紅吹哨提出質疑時，外交部不就公然反擊斥責其「以訛傳訛」嗎？再加上政府長期以來慣用社維法箝制民眾言論，動不動就把針砭時政的民眾移送，入民於罪；雖然最終被裁定不罰的比率很高，但這些招式也的確引爆寒蟬效應，早讓部分被查水表的民眾噤聲！

說穿了，行政單位自己無為、無知、無能、無感，該做的事情不去做，等到民間老百姓或網紅提醒民眾，讓其他人免於受害，卻因影響輿論而要封殺他，封殺真正的訊息；讓民眾只能接受政府認可的訊息。解決不了問題就解決提出問題的人，不准人民說真話，不准批評時政，不容異見存在，這還是民主自由的社會嗎？

憑君傳語報未來——數位平台控制新聞傳播

蔣故總統經國先生於民國七十六年七月十四日宣布：台灣地區自翌（十五）日零時起解嚴，開放黨禁及報禁。台灣的媒體自此蓬勃發展，然經過三十餘年來的變遷，媒體成長不盛反衰，究其原因卻是網路平台的崛起，支持媒體成長最主要的經費來源—廣告收入轉移到網路平台上，媒體業只分到剩菜殘羹。

依據相關資料顯示，台灣有線電視廣告收入從二〇一一年的二百一十二億元高峰，下滑至去（二〇二一）年的一百五十億元；而目前台灣整體報業廣告收入竟僅剩一四．一億元。反觀台灣網路廣告收入則攀升至前（二〇二一）年的四八二．五六億元，且大部份的廣告收入由大型國際網路平台業者取得。

為什麼會有這樣的情況發生呢？根據資策會產業情報研究所針對網友的社群通訊使用行為調查顯示，「限時動態」已成為二〇二一年最吸引網友的資訊形式。而網友日常接收資訊模式為「先看私人再看新聞」，且網路新聞比例已超越傳統媒體媒介。據調查顯示，過半網友每天起床第一件事就是瀏覽「Line 聊天群組（五五・三％）」，其次依序為「Facebook（四一・六％）」，其後才是「網路新聞（二六％）」、「Instagram（一八・一％）」與「Line Today 新聞（一七・九％）」等。不過十八至十九歲族群起床最優先瀏覽的並非 Line 而是 Instagram，且 Instagram 也是十八至二十九歲族群優先瀏覽的前三名管道，反映出年輕族群對 IG 的黏著度。

路透社也在二〇二一年一月底進行調查，發現到全球用戶，高達六六％閱聽者使用一個以上的社群平台接收新聞消息。其中，使用 Facebook 獲取新聞的比例最高，來到三二％，YouTube 緊追在後，二〇％用戶在此獲得新聞資訊，而比起從新聞媒體的網站獲得新聞內容，年輕一代習慣從社群平台或聊天軟體中接觸新聞。

也就是說大多數現代人看新聞的方式，已經從以往看紙媒，演變成看媒體網站，然後現在則是透過社群媒體觀看轉貼的新聞報導。也難怪企業主都把廣告刊登到網路平台，平台大賺廣告費用，而真正生產新聞的媒體業卻無廣告的支持。

以大陸的「今日頭條」App 來看，它沒有僱用任何記者，只聘用工程師、資訊人員撰寫 App，把媒體生產的新聞報導盡納其中，透過演算法，讓每個人打開 App 時，看到的頭條新聞都不一樣，完全展現讀者喜歡的新聞，然後每看完一則新聞，再利用演算法計算，繼續推薦讀者想看的新聞。據統計，平均每人每天要花五十分鐘待在這個 App 上，以至於大陸的新聞網站幾乎無人瀏覽。也因此，在媒體不再授權該 App 引用後，才把讀者流量引流回來。

就此，不少業者分析，Google 及臉書等大型網路平台近年來可以快速搶占廣告收入，最關鍵的因素之一就是大量使用新聞內容來引導流量，但是卻不負擔費用，以至於費用多由媒體業者承擔。又鑒於網路平台可吸引大多數的讀者，廣告商就把廣告投放到此處，而不刊登在媒體網站，而對聘用大量記者及編輯的媒體業者十分不公平。

另一方面，媒體業為了讓自己的新聞有更高的曝光率，只能研究 Google、臉書等網路平台的演算法，希望報導的新聞能符合這些網路平台的演算法規則，招攬更多人來閱讀，而網路平台則是一再更換演算法規則，不讓業者猜測到演算法規則。

但不論媒體業如何配合網路平台的演算法規則，以獲得高曝光率，但仍舊收不到經費補償，導致媒體業者愁雲密佈。近年來，歐盟、澳洲、韓國等地紛紛立法，要求這些跨國網路平台在引用當地新聞報導時，必須支付費用給媒體公司，以解決媒體的燃眉之急。

其實，我國也應該師法各國，透過立法或現有的機制，落實使用者付費的原則，也好讓彌補媒體業者製作新聞的成本花費，才能持續維持或強化新聞的品質，也讓讀者能透過優質的新聞報導增長見聞或互動。

洞燭機先斷未來——平台的輿論控制

國家通訊傳播委員會（NCC）公布的《數位中介服務法》草案，授權行政機關對於特定言論，在法院裁定前，可以要求網路平台（中介服務）業者，在該篇文章或影片加註警語，且時間長達三十天。這種讓行政權擴張的做法，令人痛心疾首。但不思進取的行政單位真想保障網路使用者的基本權益嗎？

相信大家加入網路平台時，常被問希望在這個平台上獲取什麼樣的東西？但是隨著時間經過，平台推送的卻常與原本填寫的選項不同。為什麼會這樣呢？究其所以就是從瀏覽的資料分析的結果。

以美國職棒大聯盟選秀為例，假設選手A曾多次入選明星賽，但在三十三歲那年的比賽突然走下坡，表現不佳，則在面臨球隊續約的時限，球隊是否要跟A續約是如何決定的呢？

其實，大聯盟對球員一直都有完整的記錄，包含每年身高體重的變化、打擊率起伏，守備的失誤率等等。假設數據分析師從歷年來記錄裡發現有二十七位球員資料跟A的資料類似，則球隊就會用這二十七位球員在三十三歲之後的表現評估是否與A續約？續約幾年？

易言之，個人的資料越搜集的愈多，就越能判斷他的行為或抉擇；而隨著網際網路發展，人類在網路遨遊的記錄也被全部記錄下來，許多平台就利用這些記錄來分析使用者的決定。

就此，川普在二〇一六年美國總統選舉獲勝就是最好的例子。當時，川普團隊僱用了劍橋分析公司，並使用了該公司的「這是你的數位生活（thisisyourdigitalife）」App。透過約二十七萬人下載該App，讓用戶在不知不覺中交出居住位置、朋友名單，以及按讚的資料等等訊息，再通過該二十七萬用戶的臉書，收集到五千萬筆個資；再將這些數據建成心理模型，分析這些人的喜好、興趣、情緒、個性，和對特定議題的喜好，對生活的滿意程度、政治立場等資訊。

該公司又設定不同的標籤（tag）來分析每個人。依照電腦計算，每個人都含有五千個數據點，透過這些數據點的累加，就可以把人依據「標籤」細分成複雜而精確的群體。

其次，再依據每個人不同的特質提供其等偏好的資訊，其中可能包含了真訊息與假消息。例如：提供特定選民支持擁有槍支的宣傳片，表示強盜登門入室搶劫，屋主因擁有槍支而能自保。或對於個性親和的選民，則提供在夕陽西下時，父親帶著孩子在森林舉槍打野鴨，充滿安詳的宣傳片。

透過這樣不斷填充資訊，川普逐漸改變了許多選民對他的印象，最後也成功贏得美國總統的寶座。

祇是，選後由於這些事件的曝光，美國政府才開始監管網路平台對個資的使用方式，如今在美國巳無法合法透過臉書獲取第三者相關的個資。

關於網路的監管，對岸也有。以叫車為例，大陸網友就表示用 Apple 手機叫車的車資會比用 Android 手機消費者要貴。後來發現是因為接單的車型都比較好，所以費用都比較高；另外就是使用 Apple 手機的消費者獲得優惠券的機會也較少所致。其後行政機關調查發現，因為開發該款叫車軟體公司的基本設定就是認為使用 Apple 手機的消費者經濟狀況較好，較不在乎些許金額差異，所以配給車款的等級較高，優惠券也較少。

另外，行政單位也注意到，如果固定使用某軟體購買機票的消費者，在同一時間同一段旅程的同一航班，其所購買到的機票價格就是比經常使用不同軟體購票比較價格的消費者價格為高。行政單位發現該軟體公司認定反正此類消費者較不比價，就給他貴點的機票價格，公司也可以獲得多一點的利潤。

凡此種種均顯示值此大數據時代，擁有消費者個資的網路平台運用消費者個資時可能出現令人憂心的問題。令人遺憾的是這些該管的事不管，NCC 心中祇有假藉「避免或減輕公共利益之危害」或貼標籤來恐嚇人民，以達箝制言論自由的目的，真是令人匪夷所思！

別替箝制言論開巧門

言論自由是台灣民主的基石，也是普世價值。可惜的是：民進黨一黨獨大後，竟為確保長期統治，違法打壓在野黨，並透過證照換發等程序企圖影響媒體，令人匪夷所思！

以「言論自由」為例，箝制手法包括禁止國人懸掛或揮舞五星旗等。沒想到法務部就此早有回應，認為此類提案「與憲法保障人民言論自由」意旨不符。

又以政媒關係為例，NCC正在審議新聞台換照案，卻首開先河，決議為中天新聞台召開聽證會。雖然NCC解釋，這是希望審查程序更完備，並且沒有任何預設立場。但外界已有質疑，是不是未來NCC真會一視同仁，所有新聞台的申請或換照都要開公開的聽證會？類似的程序會不會失控，反而變成政治性審查或社會公審？

眾所周知，媒體向來是社會第四權，對監督施政有著莊嚴的社會責任。媒體或新聞台自然不為當政者所喜。長期以來，中天新聞台的監督炮火相當猛烈，當然更是首當其衝，也被外界視為指標性案例。

只是，根據當初的立法精神，主管機關 NCC 之所以為獨立機關，就是希望政府的行政部門干預媒體行為能夠儘可能降低，確保公正的專業立場，以保障「言論自由」與「新聞自由」，才有助民主社會與言論市場的多元發展。

因此，行政機關實不宜動輒以國家安全、公共秩序或善良風俗等為由干預媒體，更不應未審先判，以「反紅媒」的旗幟，將換照案抹上濃濃的政治色彩。

否則，不啻為箝制言論開了一扇巧門，也導致寒蟬效應在好不容易建立的民主自由社會蔓延，讓「言論自由」往惡性螺旋的一方慢慢消亡！

尤其目前民進黨一黨獨大，行政立法一把抓，幾乎可以說掌控了所有的獨立機關。加上善於經營媒體關係與網絡行銷，透過各種行政資源的運作，早已讓人擔憂台灣媒體的第四權功能，也就是對當權者的監督制衡，會遭到嚴重的削弱，不但言論尺度或者是新聞會面臨自我審查，甚至反過來監督小黨，監督在野陣營，這其實是民主政治的一種倒退，更是台灣面臨的民主憲政危機，需要有識之士警覺這個不利的趨勢。

其實，新聞台內控機制失靈與否，本有專業的判準；社會與市場也自有公斷。如有危及國安問題，也有法律可以直接規範、制裁，這正是獨立機關專業行使職權的重要時刻，真不需要有太多政治啦啦隊來壓制媒體批評的空間。

何況，政府干預的尺度究應如何拿捏？因為稍有不慎，就會逾越分寸，形成對言論與社會監督力量的打壓。要知道，任何政治掛帥或意識型態的大動作都無助台灣發展，箝制「言論自由」與人民基本權利更無助於國人的團結及國家永續發展！

詐騙天堂＆慶記之島　民進黨別甩鍋

黑槍、詐騙、毒品，堪稱台灣二十一世紀的三大國安問題，犯罪性質之惡劣，危害人民安全之深，已到了難以容忍的地步。三大國安問題宛如毒瘤，一般庶民都知道，必須正本清源，從上到下，徹底清除不可！

偏偏高高在上的民進黨官吏們，對民怨無知無感，出事只知道甩鍋地方，或趁機政治操作，談到該如何解決又只會把責任推給其他單位。詐騙天堂、慶記之島的惡名昭彰行徑和民進黨政府的放任無感，如今已揚名全球，成為國恥！

就以新北土城當鋪日前遭衝鋒槍瘋狂掃射五十一槍為例，網友們說得沒錯，即便發生在槍枝氾濫的美國，也令人瞠目結舌！但對於如此實境秀在街頭上演，內政部與警政署做了什麼？

最讓人感到不可思議的部分是官員對人民安危如此漠然，自行政院長陳建仁以下，都像在看好戲；最關心的問題居然是要新北市、新北市長侯友宜負起全責？還拿新北治安大做文章？

全台治安惡化、槍聲不斷，這些問題可不是今天才有。甩鍋侯友宜，無非是因為侯友宜可能代表藍營出征二〇二四，抑或是為轉移外界質疑綠營無力掃黑肅槍、整治治安漫無章法的焦點。

事實上，台灣不大，犯罪了也跑不了，更沒有追查不到的道理。但警政一條鞭，中央長久以來政治掛帥、只管選舉維安，在乎的，也只是各縣市警察局長的任派權；卻忘了自己對治安惡化、黑槍氾濫、杜絕詐騙有直接的責任。

民進黨的多重標準已經搞到天怒人怨，去年底台南市發生八八槍槍擊案，迄今還不見真相，也沒看到綠營或閣揆有甚麼反應？更不見怒嗆台南市府！

現在土城掃射自首案，卻是責任完全由在地首長擔負，大綠、小綠加上側翼猛批侯友宜，侯友宜跨海指示掃黑也被說成是作秀。說來說去，中央好似看的津津有味，還說三道四的，一付事不關己的模樣！

官員逮住機會，見獵心喜，新北市民的安危成了政治鬥爭的籌碼。我們不禁想問，綠營官員立場不斷變來變去，莫衷一是，不嫌累嗎？

尤其民進黨高規格批侯、漠視治安敗壞的偏差態度，早就被黑幫看破了手腳，民眾也不再期待官員會把精力放在破案、掃黑和追查真相上！

如今，政府公信力蕩然無存，也因此助長黑幫氣焰；難怪官員雖不時以打擊各類型犯罪為口號，但結果卻是黑槍越掃越多，抓不勝抓；詐騙案件也愈來愈多，民不聊生了！

龜速官員跑不過詐騙集團

NVIDIA 創辦人黃仁勳在台大演講中一句「跑起來別用走的」，不知道政府官員聽了有沒有感觸，但看來詐騙集團不但聽了進去，還真的跑了起來，立刻在臉書刊登「黃仁勳股票交流群」廣告行騙；綠色政權完全跟不上時代，就像石器時代的原始人遇上AI犯罪團伙般，也難怪被詐騙集團看扁，也導致台灣淪為犯罪王國和詐騙天堂！

尤有甚者，近期猛爆出的 im.B 詐騙案更猶如照妖鏡般，把台灣社會的病態結構暴露出來。一路下來，雪球越滾越大；原來，除了民代涉案外，還陸續傳出檢調人員甚至綠營重量級政治人物牽扯在內！

究竟這些綠色官員和民代有沒有涉案？亟需查明真相。但無可否認的是，詐騙集團急著與綠營新貴們攀關係、交朋友、套交情的事實；不論是刻意拉攏、餐敘，或狐假虎威、相互利用，黑金勢力滲透整個民進黨政府體制已是不爭的事實。不管跑起來找靠山、找派系，還是力拱足以遮蔽、洗白的招牌或護身符；難怪不論治安或詐騙問題都始終不見有效治理！

奇怪的是，其實我早在 im.B 案爆發前就一再提醒金管會與相關部會 P2P 的問題和未爆彈。但綠官們卻是能遮掩就遮掩，還辯稱 im.B 案只是像地下錢莊的借貸平臺，完全不理會問題的嚴重性。

說穿了，官員們的打詐行動綱領 1.5 或打詐國家隊，不過就是大內宣加強版，絕大部分防詐機制都是要人民自己提高警覺。除金管會主委和 NVIDIA 的黃仁勳等極少數冒名詐騙案外，通報機制大多要人民自己檢舉申報，一點都感受不到數位時代下的因應對策與策略想定！綠色政權的束手無策，已然是詐騙集團的笑柄，更是全民的夢魘！

其實，民眾對於綠色政權未能遏止犯罪蔓延，早已憂心不堪。如今詐騙犯罪的氾濫更足以動搖國本，堪稱新時代的國安問題。甚至只要問問 ChatGPT 就會發現，台灣民眾當前最憂心且認為最急需處理的五大犯罪問題，第一名就是詐騙犯罪！其次分別是毒品犯罪、槍枝暴力犯罪、性侵犯罪，以及資訊安全犯罪。

但詐騙問題之惡化，更是因為政府的怠惰無能。除了各部會互相推託卸責外，相關法令也沒跟著時代進步，更不思改進。官員一副自掃門前雪，不管他人瓦上霜的態度，也導致詐騙犯肆無忌殫。金管會、經濟部、數位部、內政部，每個單位一再甩鍋宣稱不歸他管、也不願了解詐騙手法和面對問題的無知、無為、無能和無感態度，更是如今病入膏肓的重要因素！

真虧民進黨政府還敢拿著「投入新台幣十三億元經費」來當作政府打詐的訴求，去年打詐1.0，不是已投入十四億打詐經費？為什麼詐騙案件越打越多？如果政府只會托詞編預算和大撒幣，卻不把錢花在刀口上，能打擊什麼犯罪？

台灣黑金問題氾濫如此嚴重，詐騙問題惡化速度這麼快，不就是民進黨說一套、做一套的縱容造成的嗎？民進黨主席、副總統賴清德如果真有反黑金的決心，就以身作則，從民進黨做起吧！

口號打詐 造就詐騙王國

詐騙橫行，政府束手無策，全民因而身陷重重的詐騙危機困境！這幾個禮拜以來，就連國內大企業家也都淪為名人詐騙的受災戶。相較於不務正業的行政官員，台灣的人民真的太辛苦了！正是綠營政府的無為無能導致台灣「詐騙之島」的惡名不脛而走。

看看行政院最新拍板的「打詐行動綱領1.5版」後，不得不說真是令人失望！依據行政院公布的訊息顯示，其預計投入十三億元經費，增加人力物力打詐，還提出所謂「一合、二清、三減、四面、五不」措施，也要民眾「不接、不聽、不看、不傳、不信。」但說穿了，除了一些行之有年的措施，絕大多數都是口號的堆積。難道綠營官員無能到覺得一堆順口溜就能防堵詐騙，把詐騙犯抓起來嗎？

其實，行政院還是不在乎百姓的苦難，也不了解新型詐騙手法，才會如此不進入狀況，也提不出解決方案，只會繞口令和高舉結合各部會、私部門、社團，成立

「打詐國家隊」的大旗呼攏人民，再次展現「話術治國」的行政風格。

看看行政院公告的內容，就可發現政府打詐無作為，只是把一切踢給民眾。要人民「不接、不聽、不看、不傳、不信」，意思是人民被騙，是因為違反了這「五不」嗎？所以只能自認倒楣？如今，在民進黨執政下，無論治安或是財產安全，民眾只能自求多福嗎？

其實，民眾的需求很卑微，只要政府有執行力，能迅速解決詐騙問題，並強化監管、預防犯罪於未然就謝天謝地了。所以，別再高呼什麼口號，只要政府別再互推皮球、推脫了事，給人民一個單一窗口，其他由行政單位自行解決即可。如果做不到，就讓專業的人上吧。

行政院也別再講一些「透過跨部會合作共同打擊詐欺已初見成效」的空話了，民怨沸騰，百姓深受詐騙之苦，官員還打算繼續看不見？也聽不見嗎？就連簡單的「冒名訊息」下架，都要一拖再拖，民眾對於綠色政權的施政能力早已失去信心。

況且，先前什麼打詐國家隊、全力防詐，去年不是已經吹牛過一次？不就是打擊詐騙無力，才有新的1.5版方案要出爐嗎？這一年下來，一堆無效的會議做無效功；詐騙集團反而越來越囂張，連民眾的戶政個資外洩，各部會只會推拖，也不依法通知民眾以降低損害，更別提拿出具體辦法因應，難怪詐騙集團肆虐至此。

百姓真的不需要口號堆砌的空話，也不想再相信自欺欺人的大內宣。這些打詐順口溜就留給官員們自己用吧！隨著詐欺犯罪形態與技術不斷演化和數位化，政府和官員們好歹跟上時代，用專業務實的政策打擊犯罪；就別再費心作文、用口號譁眾取寵了！

釀時代36　PF0346

立院女戰神之國政急診室
——李貴敏政論集

作　　者	李貴敏
執行編輯	洪聖翔
圖文排版	黃莉珊
封面設計	王嵩賀

出版策劃	釀出版
製作發行	秀威資訊科技股份有限公司 114 台北市內湖區瑞光路76巷65號1樓 電話：+886-2-2796-3638　傳真：+886-2-2796-1377 服務信箱：service@showwe.com.tw http://www.showwe.com.tw
郵政劃撥	19563868　戶名：秀威資訊科技股份有限公司
展售門市	國家書店【松江門市】 104 台北市中山區松江路209號1樓 電話：+886-2-2518-0207　傳真：+886-2-2518-0778
網路訂購	秀威網路書店：https://store.showwe.tw 國家網路書店：https://www.govbooks.com.tw
法律顧問	毛國樑　律師
總 經 銷	聯合發行股份有限公司 231新北市新店區寶橋路235巷6弄6號4F 電話：+886-2-2917-8022　傳真：+886-2-2915-6275

出版日期	2023年9月　BOD一版
定　　價	380元

讀者回函卡

Printed in Taiwan

國家圖書館出版品預行編目

立院女戰神之國政急診室 : 李貴敏政論集 / 李貴敏著. -- 一版. -- 臺北市 : 釀出版, 2023.09
面； 公分
BOD版
ISBN 978-986-445-864-6(平裝)

1.CST: 臺灣政治 2.CST: 臺灣經濟
3.CST: 產業分析 4.CST: 文集

574.33 112015253